Dieter Harhues

Wat ick no vertellen mott

Vertellsels un Riemsels in mönsterländsket Platt

Verlag und Druck: tredition GmbH, Halenreie 40-44, 22359 Hamburg
ISBN Taschenbuch: 978-3-7497-1392-9
ISBN Hardcover: 978-3-7497-1393-6
ISBN e-Book: 978-3-7492-1394- 3

Wat in düt Book staiht

Vüörwaort

Wat ick no vertellen mott, leiwe Lüe, dat söllt ji nu ge-
wahr wärden. Ick häb in de leste Tied iälke haugdütske
Böker schriëwen, un dao sint all Lüe dao west, de mi
froggt häbt, of ick kien plattdütsket Book mähr schriewen
wull.

Un nu sin ick no eenmaol daomet togange west, aower
düt Maol gait dat mähr um dat Liäwen, wat wi nu alle
Dage to saihn un to föhlen kriegt, un nich mähr so viël ut
uraolle Tieten. Aower nich alle Vertellsels sind glootnie.

Un dao is viël to saihn, wat nu so löpp, äs et nich lau-
pen söll. Un miästendeels gaiht et dao auk um de Politik,
de vandage boll üöwerall eene Rulle spiëlt. Nu hett dat
jau wull: „Suup di vull un friät di dick un haoll de Muul
van Politik", aower dat lött sick lichter seggen äs doon.
Nu denkt äs an Amerika met den unwiesen Trump, an
de Türken met iähren verdeubelten Erdogan, of auk an
düssen Twiärsdriewer un Speckmöppel in Nordkorea.
Sall'm dao nich üöwer küern of auk schriewen? De Lüe,
well no den lesten Krieg beliäwt häbt, de wärdet alle Da-
ge weiniger. Aower auk de iähre Kinnerskinner müet no
gewahr wärden, wat passeeren kann, wann't Volk sick
verdummdeubeln lött.

Aower dat sall nich heiten, dat düt Book miäst met sö-
cke Malässen to doon hätt, näh wat!
Auk van mi un ju, leiwe Frönne van uëse plattdütske
Spraoke is wat in düt Book to finnen. Aower ick schriewe
düt Maol kien Döhnkesbook, dat hett apatt nich, dat et
nicks to gnöcheln giff in düt Book.
Wat nie is an düt Book, dat sint de schwattwitten Fo-
tobeldkes, de ick söffs makt häb, un van miene Frau
Gisela sint auk wecke daobie.

5

Un nu mott ick auk no een Wäörtken üöwer miene Schriewiese klaor maken. Ick schriew mien Platt so, äs et bie mi un miene Naobers küert wätt, aower ick häb kienen plattdütsken „Duden" an de Hand of in mienen Kopp. Un et kann auk sien, dat ick mankst een Waort so un'n anner Mal wier anners schriewe. Dao haoll ick et met eenen Schriewer ut Amerika, un de hät seggt: „Well nich een Waort maol so un auk wier anners schriewen kann, de hät kiene Fantasie!"
Un de dat seggt hät, dat was Mark Twain, un ick glaiwe, dat viële Lüe no an sienen „Tom Sawyer" trügge denken küënt.

Bie de Riemels sint auk no wecke, de all in eent van miene äölleren Böker stönnen, aower dat is nu all rund diärtig Jaohre hiär. Daorüm will ick de miene nieen Liäsers auk gään günnen.
Wann nu een Liäser togaiht un schriff of segg, düt niee Book van mi wüör'n „Nüörgelbook" wuorn, dann sall he mienthalwen Recht häbben un behaollen. Apatt wann ick mi nu ümkieke, wu dat in miene Naoberschopp un drümto in de wiede Wiält löpp met viele Saken, dann kann'k daoto nich stillschwiegen. Un villicht wüör't biäter, wann viële Lüe dat auk nich daien. Un dat gellt iärstan för uëse Politikers.
Un nu, leiwe Liäsers (Fraulüe so guëd äs Mannslüe), wünsk ick ju viël Plaseer bie't Liäsen un dao, wao et neidig is, auk bie'n lück Naohdenken!

Mönster, in'n Summer 2019   Dieter Harhues

Doppelmühle bei Haus Langen in Telgte-Westbevern

Dat spassige Wiärks met de Tiäne

Wann'm äöller wätt, hät'm so allerlei Malessen. Dao seggt wat Lüe nu: „De Lack is aff!" Aower wann't män alleen de Lack wüör, könns no guëd tofriär sien. Wat'm aower nich so gärn quiet wätt, dat sind de Täne. Aower dat gait all fröh loss. De iärsten, de Wann'm äöller wätt, hät'm so allerlei Malässen. Dao du miästtieds quiet wäss, dat sind de Tiäne, de sick Klookheitstiäne nömt.

Wann de di van den Tanndoktor trocken wärdt, kans van Glück seggen, dat di de Vernüll nich auk met harutrocken wätt.

De alleriärsten Tiäne, de du verluorn häss, de häss in de Tiet all langnoog vergiäten. Dat wäörn diene Miälktiäne. De gongen miästan van söffs aff, un et sind niee Tiäne auk van söffs wier naohwassen.
Aower dat met dat Naohwassen, dat gaff't män eenmaol in dien Liäben. Ick weet nich, wat sick uëse Härguod daobie dacht hätt.

Waorüm he dat seggen droff, wull düsse Dage Jans van sienen Frönd Tönne wiëten. Un de hät antert, dat de Här dao wull'n lück möde west is, weil he een Dier biäter utstaffeert hät äs uës Mensken. Daobie soll de Mensk sotoseggen dat höggste Dier vant Paradies west sien, nämlick sien Mesterdeel.
Un nu wull Jans apatt gau wiëten, wecket Dier biäter dran wüör äs he söffs. Un dao sagg Tönne em: „Dat ligg daodran, dat du nich äs Krokodil of äs Haifisk up de Wiält kuomen bis, weil bie de Diers de Tiäne naowassen doot, un dat een ganzet Liäben lang."

„Dat is waohr! Dao könns viël Geld behaollen, wat nu de Tanndoktor krigg. Dao kümps met'n Dusender nich äs ut!" gaff sick Jans nu ant stüënen. „Jau, jüst äs du't seggt häss, un wann de Tanndoktor un siene togehäörigen Handwiärkers de düren Tiäne makt häbt, dann kanns auk nich forts wier in'n Appel bieten. Dao mott miästan no viël ännert wärn, bes du dat kanns. Un daoto moss auk no so'n Tüüg kaupen, waomet du di dat Gebiët int Muul kliäben kanns! Met all düsse Malässen hät so'n Krokodil kiene Last! Oh mien leiwe Härguod, hars nich bie us auk sowat maken konnt. För de Mensken sind alleen de Krokodilsträönen üöwerbliëwen. Aower dao hollt wull de miästen Lüe nich so viël van, un dat is auk guëd so!"

Pfau im Mühlenhofmuseum Münster

9

Polsisten häbt auk Familigen

Bie de deelwiese grülicken Tostänne bie düsse Weherie met düssen „G20-Gipfel" in Hambuorg wussen drächterhiär eene Masse Lüe, wu man't biäter hädde maken küenen. Un daobie gong dat auk üm de Dusende van Polsisten, de dao iähren Denst maken mossen. Dao gaff et üöwerall Nüörgeler, un to-iärst harn de Lüe wat üöwer den Plan van de höggsten Polsisten to bequatern.
Nu is dat aower so, dat'm alltied nao eene Sake mähr gewahr wuorn is äs vüör eene Sake, un et giff bie dat ganze Wiärks kienen Spökenkieker, de all vüörhiär weet, wat up de Mensken tokümp. Aower naohiär häs mähr äs dusend Klookschieters, de mennt, so'n Polseibaas könn in de Tokunft luern. Aower dat kann de pattu nich!
Man konn daomet riäken, dat dao so'n Janhagelvolk van üöwerall bieneenkuomen wull, aower dat düsse Verbriäkers so ruhbästig toschlaon wullen, konn'm nich so akraot wiëten.
Dat was jau wull viël mähr äs int Näppken gait!

Nu mottt'm sick üöwerleggen, wu dat Liäben van'n Polsisten dao aflöpp. He is früëmd in de graute Stadt, he weet nich, wat up em tokümp, un dao flaigt auk no Steene, Pullen un de so genömten Molotowcocktails up em to.
Sall he dao den grauten un tapperen Helden spiëlen un sick met dat Janhagel harümschlaon, un dat auk no, wann siene Kumraoden leiwer lockut gaot. Wat hät he gewunnen, wann he bie söcke Gelegden siene Gesundhait of auk no sien Liäben riskeeren sall? Sall he dao nich iärst äs an siene Familige denken? För de is een heelen Mensk mähr van Belang äs tain daute Helden!
We will dann wull vandage so'n Polsist sien, de alle Dage un üöwerall Denst maken sall, daomet annere Lüe iähr Plaseer häbt. De Politikers willt nu üöwerall mähr

Polsisten häbben, aower dao söllt se iärst äs daoför su-
orgen dat düsse Manns- un Fraulüe mähr Geld kriegt un
nich Hunnerte van Üöwerstunnen vüör sick hiärschuwen
müet.
Waorüm giff dat nich mähr uësen Duorpschandarm so
äs fröher? Wann wi Blagen to de Tiet äs met so'n lütket
Motorrad düört Duorp föhrt sind, wao wi no viël to jung
wäörn för den togehäörigen Schien, dao kamm de
Schandarm un hät uës utschennt un daobie no seggt, he
wull dat uëse Äöllern vertellen. Un siene eegenen Jungs
kreegen wat an'n Nacken, un dat nich to knapp! Söcke
Tieten sind vüöbie um kuomt nich wier.
Aower mannigeen van de Polsisten, de in Hambuorg
iähren Kopp hinhaollen mossen, daihen so'n Pöstken äs
Duorp-schandarm gään üöwerniëmen. Aower ick segg
dat no eenmaol, dat et sowat nich mähr giff un dat et auk
nich wierkümp.

Aower wat ick auk no wisse weet is düt: Wann bie de
Footballspiële in de Bunnesliga Sunndagg för Sunndagg
Dusende Polseibiamte vüör den Plass un mankst auk
dao drin Denst maken müet, sollen de rieken Vereine
auk daoför wat betahlen. Well sick för Milljonen Spiëlers
ut de halwe Wiält kaupen kann, de sall auk daoför betah-
len, dat de so genömten Fäns int Stadion kuomt, aohne
dat et daobie krankenhuusriepe Mensken giff. Un van de
so genömten Ultras soll'm af un an äs wecke int Kittken
brengen, wann se wier Schliägerien antoggmakt häbt.

Dat Türkenvolk un Erdogan

De Türken makt uës graute Pien
met düssen Erdogan.
Met't Volk willt wi gään fröndlick sien,
män nich met düssen Mann!

He lött kien Recht to in sien' Staot,
Justitia sitt in'n Knast.
He set't boll de Schafotte praot,
he is för't Volk ne Last!

Sien Volk dööt uës all rieklick leed,
et gait alltied biärgaf,
un bolle ligg, äs ick et weet,
de Friehait daip int Graff!

He häölt nicks van Demokratie,
will ganz alleen regeeren!
Europas Länner, iärstan wi,
müët em äs *Mores* lehren!

Un kümp he dann nich to Verstand,
makt wi de Paoten dicht.
Wann't Volk dann lieden mott int Land,
stellt wi em vüör 't Gericht!

Un wann't uës so nich glücken kann,
sall em de *Scheitan* packen!
De sall dann düssen dullen Mann
getrost den Kopp afhacken!

Wahljaohr

Politikers staoht up un krait,
weil et nu üm iähr Pöstken gait.
Se willt up't Niee naoh Berlin,
se willt int Parlament dao sien.

In de Partei sint se all lange,
män nu sint se so grülick bange,
of't met iähr Pöstken wier wat wätt,
wann'm all de Stemmen düörtellt hät.

Se häbt bes nu ganz ächten siäten,
un willt sick met de Vüörnsten miäten.
Män de laot't sick nich licht verdriewen,
se willt pattu dao vüörne bliewen.

Se staoht bie Wahlen vüörne an,
wao'm se auch nich weggschuwen kann.
We ächten sitt, wätt met de Tiet
auk daorüm mankst sien Pöstken quiet.

Män dao gripp sick de Naut den Mann,
weil he so recht nicks anners kann.
In sienen Kopp geiht nicks ganz fix.
Auk van een Handwiärk weet he nicks.

Geiht't nu nich mähr int Parlament,
is düsse Mann totaol an'n End.
Sien Liäben was de Ossentour. -
Glaiwt nich, dat ick den Kärl beduer!

Auk de Jagd häört no bie't Mönsterland

Met't Jagen häb ick nu nicks mähr to doon, kiene Freide mähr dran un kien lärger un kiene Schiärie mähr drüm! Miene Gesundheit – of dat, wat daovan üöwerbliëwen is – lait de Jagerie all länger kien Vergögen mähr sien. Un dat Wild wuor van Jaohr to Jaohr weiniger, so äs gliektietig de grauten Maiskämpe tonaimen.

Wat sick üöwerall in de Buerie breet mäck, dat sind de „Monokulturen". Dao kann'm de Buern nich äs för utschennen, se küënt et nich anners maken, wann se no'n biëtken Geld met iähre Arbeid verdainen willt.

Un bie de moderne Buerie staoht de Diers män alleen no in'n Stall. Dat brengt düsse „Massentierhaltung" vandage met sick. Aower daodrüöwer staiht an eene annere Stiär van düt Book no wat.

Un wat süss üöwer de Jägers un de Jagd seggt wätt, lütt för eenen, de sich no alltied drbietellt, wann he auk nich mähr buten metgaohn kann, mansken apatt rieklick unwies.

Dao giff dat so genömde Psychologen, well daovan küert, dat Jägers bie de Fraulüe faken to kuort kaimen, un daorüm wüörn de langen Laipe van de Flinten sotoseggen een Penissymbol, wat wiesen sall, wu lang dat Dingen is, wat'm bie dat Jagen vüörwiesen kann. Well so eenen unwiesen Kraom vertellt, de hät gans siëker sienen Sigmund Freud verkatt verstaohn!

Un wat „klooke Lüe" seggt auk no, dat sich de Jägers äs eene „Elite" föhlen daihen, un daorüm hädden se sick auk eene eegene Waidmannsspraoke toleggt. Dat is auk bar dumm Tüüg, de Jägerspraoke is un bliff eene Zunftspraoke, de sick met de Tied vergröttert hät un mähr nich!

14

Hochsitze dienen hauptsächlich der Wildbeobachtung – aber
manchmal benutzen Waldkäuze oder Waldohreulen
diese auch als Brutplatz

Un bie de miästen Jagden wuor to miene Jägertied no
düftig Platt küert, wat auk een „Kulturgut" is, wao'm wat
för dohn mott.
Dao häb ick all Driewjagden metmakt, dao küere de un
düsse een anner Platt, aower verstaohn deih jedereen
jeden.

15

Un wat no bie de Jagd to finnen is, dat sind bie us in'n Westen un Norden de Jagddöhnkes. De häört daobie sotoseggen äs Piäper un Saolt för dat Schüëdeldriewen naoh den Jagddagg.
Drei kuorte Biespiële will ick ju metdohn:

De kuortsichtige Jäger

Dao kümp int Duorp een Jäger, well grülick kuortsichtig is, sienen Doktor in de Möte un röpp em to: „Vandage häb ick düftig Waidmannsheil hatt!" „Dat weet ick all", segg de Doktor, „de arme Kärl is iäben all bie mi in de Behannlung west!"

De guëde Niäse

„Mien Rüen hät de beste Niäse, de et giff!" sagg Jan to Heini. „De kann mi up dusend Meter all ruken!"
„Deubel auk", röpp dao Heini, „dann wätt dat wisse äs wier Tiet, dat du di'n lück wasken döhs!"

Schweetnatt west

Jans un Tönne staoht in de Pause van eene Driewjgd in de warme Sunne van'n fröhen Hiärwastdagg. Dao kümp dao so'n Wicht van twintig Jaohr an, wat met'n so genömten Miniröcksken up sien Rad sitt. Dao segg Jans to Tönne: „Meineh, häss dat saihn? Wann wi fröher met de Hänne so wiet west wüörn, äs du vandage kieken kanns, dann wüörn wi all vüör Upriägung schweetnatt west!"
Mähr van söcke Döhnkes gaff't in mien Book „Van Jägers, Buern un allerlei Lü" un daovan will ick een Vertellsel hier no anschluten, weil düt Book nich mähr in'n Bookladen to kaupen is:

16

Hubertus im Boniburger Wald von Münster

De Driewjagd un dat drüge Endken

Use Jägers mossen naoh'n Krieg lange wochten, bes dat se nu endlicks wier jagen droffen, aower eenes Dages was et wier so wiet.

Wat van de Flinten kammen wier to'n Vüörschien un et wuorn auk wier niee kofft.

So kamm et daomaols auk daoto, dat'n paar Buern ut uëse Kiärspel alltohaupe to eene graute Driewjagd ingeladen wäörn.

Se wullen veerspännig lossföhren met den Landauer van Leiverkamps Giärd. Sien Knecht Jans soll dat Föhrn dohn un he konn dann auk up de Jagd so'n lück äs Driewer metlaupen.

Düssen aollen Jans was'n guëtmödig' Mensk, de sienen Buer niemaols twiärs kamm. Aower he har eene Angewuënheit, de sick in de Naoberschopp all lange rundküert har.

Jedet Maol, wann he met den Landauer lossföhrn moss, dann namm he sick äs Reiseproviant ut dat Wiemgemös so'n henniget drüget Endken, so'n leckeren End Mettwuorst, den namm he alltiet met un lagg'n unner de Klappe van sienen Kutsk-buck.

Den Muorn äs dat nu lossgaohn soll, dao was et verdeubelt kolt. De Jägers klaieden in dat Scheesken, trocken iähre Rüens ächter sick nao, un Tönne Lütke Holtkamp kreeg forts eenen Flachmann ut siene Lodenjoppe, un alle naimen sick iärst maol eenen up Dumenbredde giëgen Verköhlung un süss wat alle.

Äs se nu den halwen Wegg ächter sick harn, dao kreeg Wilm Graute Holtkamp so'n grüliket Grummeln in sienen Buuk, dat he gau ächter de Hiëge verschwinnen moss. He har muorns Fettsoppen hatt, dao sall't wull an liëgen häbben.

18

Jans holl de Piärde an, un nu steegen alle ut, üm sick gau de kollen Föte so'n lück warm to laupen, un auk Jans kamm van sienen Kutsbuck harunner.

Dao saog Lütke Holtkamp up de Straote so'n hattgefruornen Rüenküëdel liggen, de jüst so utsaog äs'n drüget Endken.

He greep sick dat Dingen gau un schleek daomet an Jans sienen Kutskbuck, börde de Klappe hauge un vertuskede den Rüenküëdel met dat drüge Endken, un Jans kreeg dat nich met.

Düsse Jagddagg namm sienen Verlaup äs sick dat gehäört. Wild kreegen alle genog vüör de Flinte, aower mannigeen har no nich wier genog Übung hatt. Dao was mansken dat Kaninken vüörn un ächten to kuort.

Et kamm apatt no eene güëte Strecke bieneene, de aobends verblaosen wuor, un bie dat Halali stonnen wat Jägers de Träönen in de Döppen, weil se dat naoh so lange Tiet äs wier beliäben droffen.

Äs dat dann an dat Schüëdeldriewen gong, dao gaff dat eene lärwtensuppe, wao auk derbe wat van'n daut Schwien insatt.

Lütke Holtkamp schleek sick nu an den aollen Jans haran un frogg em so'n lück lubiëtsk: „Segg äs Jans, wat is loss? Häss kien drüget Endken bie di vandage?" Un daobie liëpelte Holtkamp genüëtlick siene lärwtensuppe.

Aower Jans gnurrde män blaus: „Met mien drüget Endken is mi dat vandage wahne spassig ankuomen! Ick häff dat Aos in de gemeinschaftlicke lärwtensuppe daohn un häb de nicks van wierfunnen!"

Jagd

So'n Stücksken Braut un'n Endken Wuorst
un no een Schlücksken giëgen'n Duorst,
kien gräsig' Wief un kiene Blagen.
Dat is dat Schönste bie dat Jagen!

19

Kartuffeln schellen

Karl siene leiwe Frau was bie iähre Dokterske west un vertellere nu iähren Mann Karl: „Miene Frau Dokter hät mi un-nersocht un mi daonao verkläört, ich har eene ‚Tendova-ginitis‘. Un se hät mi auk no seggt, dat ick kiene Huusarbeid dohn draff, wiägendem dat et dann bolle no laiger met miene Piene wüör. Un wat dat miäste van Belang is: Se hät mi auk no upgiëwen, dat du mi in de Küëke nu düftig helpen moss!"
Karl wuss nich so recht, wat dat nu wier wüör, un he frogg iähr: „Wat häs du, wat för eene Vaginitis? Hät dat nich wat met de .." Aower Hedwig raip forts: „Met dat, wat du di nu inbellst, hät dat nicks to doon. Tendovaginitis hät, dat de Bänner in mienen Arm Malässen makt, un up haugdütsk, wat de Dokterske küert, is dat bie mi eene ‚Sehnenscheidenentzündung‘. Met dat bie mi dao unnen hät dat nicks to doon!"

Karl was verwünnert, dat siene Hedwig nu met de Spraoke van de Wiëtenschopp anfangen wull, sowat har dat süss nor-maolerwiese bie iähr no nich giëwen.
Aower Hedwig küere wieder un sagg nu: „De Dokterske hät mi auk no seggt, dat met ‚Tendovaginitis‘ bie dat Mannsvolk forts wier spassige Gedanken anföngen! Jau, jüst dat hät se seggt! Un dat moss du nu begriepen, so off so! Aower de Dokterske hät auk daomet Recht, dat in dat Mannsvolk auk alltied so een ‚Sexismus‘ sitt. Dat hät se mi gans akraot verklört. Un dat ick nu up kienen Fall äs ‚Emanze‘ bie di daostönn, hät se auk no seggt!"

Karl hät sick sien Deel dacht, aower för't lärste was he met sien Latien an'n Enne kuomen. Aower Hedwig har no eene Patrone to verscheiten, un se raip nu: „Bie dat Wäörtken ‚Vaginitis" härn de Mannsvölker forts een Beld ut de ‚Pornografie‘ in iähre verdraite Fantasie vüör sick!

– Jau Karl, un nu moss du iärst äs de Kartuffeln för vandage halen un de dann auk akraot schellen!"

Kartuffeln har Karl fröher auk wull all schellt, wann viël Lüe dao kuomen wüörn to't läten, aower dat was in de leste Tied nich mähr to maken west. Aower he konn dao nich mähr lange üöwer naodenken, wiägendem dat Hedwig no iähre Schnute no nich schluten dai. Se sagg nu - aower gans fröndlick – to em: „Du kanns di auk utsöken, met wat för'n Gerai du de Kartuffeln schellen wuss, met'n gewüënlicket Schellmess of met eenen so genömten ,Sparschäler'." Un dann gong't forts groff wieder: „Aower seih to, dat du auk wanners feddig wäss met dien Wiärk!"

Karl bleew gans tamm, aower he wull siene Hedwig no'n lück tiëpken un frogg iähr nu: „Sall ick de Kartuffeln bie't Schellen alltied draien, so dat ick eene gans lange Schelle kriegen doh, off draff ick kuorte Striepen maken?"

„Seih to, dat ick boll üörndlick geschellte Kartuffeln in mienen Pott häb!" raip Hedwig nu. Se was nu apatt wull'n lück verdraiht, kamm et Karl in'n Sinn, aower he gaff sick no nich, un he raip trügge: „Draff ick dicke Schellen maken? Dann geiht dat biäter?" Nu was Hedwig wier an de Riege met: „Laot dien spassiget Gequater un seih to, dat do vüöran kümps!"

Karl wull nu met siene Arbeid lossleggen un greep sick den so genömten Sparschäler. Aower he was no nich so recht antogg met dat Dingen, dao har he sick auk all in de Hand schniëden."

Nu moss he sick iärst äs wat för de Wunne halen, un dat trock sick in de Längde. He gong daoför iärst äs an sien Auto, weil he dao sien Verbandskästken har, un dao namm he nich to fix een Plaoster drut. Aower bie düsse Weherie har he sick all siene Hiëmdsmauen met Blood beschmeert, wat Hedwig wier brastig wärden lait.

Karl gaff sick so gau no nich, un he fong nu an to qua-
tern üöwer siene Wunne in de Hand, un he fong auk no
an to klagen, dat he so nich mähr de Schellerie maken
könn.
Aower Hedwig bleew antogg met: „Häb di nich so met
dat biëtken Mallör met diene Hand. Dat is so laige nich,
dat du daorüm nich de Kartuffeln schellen kanns!"
Nu namm Karl aower iärst äs een Schellmess ut de Tre-
cke van dat Küëkenschapp. Daonao greep he sick eene
Kartuffel un schneet dran harüm, so dat he een ve-
ereckiget Stück üöwerholl, dat so uutsaog äs'n lütken
Baukloss.
Un so gong dat wieder met siene Kartuffeln. Daobie har
he auk bolle eenen Kuorw full met Affall. Et was nu wull
bolle mähr in'n Kuorw äs för dat Kuoken üöwerbleew.
Hedwig bekeek sick dat ganze Wiärks un sagg em düt-
lick, dat se nu wull viël mähr Huushaoltsgeld naidig har.
Daonao namm se sick dat Telefonbook, üm nao ,läten
up Riäder' to söken.

An wat ick bie't CHIO dacht häb

Kuors was wier dat CHIO in Aoken, un dao kiek alltied
gääne bie to. Ick sin ja so mähr of weiniger een Landkind
of eene Duorpsblage, un häb auk viël Ümgang met Piär-
de hatt.
Bie de Riederie sin'k söffs nich wieder kuomen äs rund
üm den Hoff, wao mien Piärd siene Box har. För een
Turnier was ick nich to gebruken.
Bie mien' Öhm in Warnduorp stonnen vüör iälke Jaohre,
to de Tied, wao ick no'n Student was, twee Piärde in de
Boxen, un de sollen een lück an de Lucht kuomen, jüst
äs ich dao was. Un dao soll ick mi eent van de beiden
utsöken un daomet met een van de Jungs naoh Sas-

22

senbiärg rieden. Dat eene Piärd was een Trakehner und dat annere een Araber. Aower dat Spiël was mi'n lück to gefäöhrlick. Dat was nicht so, dat ick bange was vüör de Piärde! Aower well will wull gään düör Warnduorp rieden, wann he nich so recht saddelfast is. Dat gong nu pattu nich!

Aower ick wull jau bie dat CHIO beginnen. Dao wäör düt Jaohr, no äher äs dat met de Riederie so recht antogg was, iärst äs dat Voltigieren. Äs ick dat nu äs wier saog, häb ick an miene Dochter Anne dacht. De hätt dat auk metmakt, äs se no so'n lütket Schoolwicht was.
Dao häb ick miäst bie tokiëken, weil ick dat Wichtken nao de Riedhalle bracht häb. Af un an staonn ick dao to kieken un dat tosammen met eenen Dokter, de dao twee Däänkes bie düssen Tropp har. Un wi wäörn uës eenig daorin, dat wi togiëwen häbt, dat wi äs Jungs sowat nich harn maken küënen. Un mansken - of biäter faken – wäörn wi guëd tofriär, wann dat Voltigieren an'n End was un wi dat Blagenvolk heel wier nao de Moder brengen konnen.
Wat nu dat CHIO söffs angait, dao is dat düt Jaohr wier bie den Lännerpries bestguëd för uëse Land utgaohn. Tweemaol nao de Riege Mester sien, dat tellt all wat!
Aower dao was no wat, un dao denk ick nich an Isabell Werth bie de Dressur. Dat de gewunnen hätt, stonn för mi all vüörhiär fast.

Aower dao gong et auk no üm den twedden Plass, un dao was iärstan eene amerikanske Riederin vüörne. Aower dann kaim de dütske Rieder Sönke Rothenberger, un de was dütlick biäter äs dat Wicht ut Amerika. Aower bie de Beurdeelung was auk eene Richterin ut de USA, un de Frau mott wull wat van Trump för iähr Doon äs Biespiël hatt häbben, nämlick düt „America first". Se wull de amerikanske Riederin up den twedden Plass

23

haollen un hät Rosenberger dütlick nao unnen schuowen. Un dat is iähr auk glückt, dann was nämlicks iähre Amerikanerin dao, wao se an sick nich hensoll, nämlicks up Plass twee.

Kick süh, leiwe Lüe, dao bäb ick mi dacht, dat et grülick is, wann'm met düt „America first" nu üöwerall düörkümp!
„Exempla trahunt" (Biespiële treckt) häbt de aollen Römers seggt, de auk viël met de Riederie to doon hatt häbt. Aower ick will nich huopen, dat et met dat „America first" no lange duern sall!

Fraulüe-Football in Holland

Bie de „Frauenfußball-EM" wull ick mi dat Spiël an'n Saoterdaggsaobend bekieken, aower dao was et in Rotterdam all stunnenlang ant Äösen west - Riängen äs ut'n Emmer - so dat'm dao met dat Spiël to de rechte Tied nich antoggkuomem konn.
Dütskland soll giëgen Dänmark antriäden. De Fraulüe, de up'n Plass sollen, häbt forts insaihn, dat et eenfack nich müëglick was, dao to spiëlen. De Trainers häbt düt Meinen deelt. Aower dao wäörn auk noch de Lüe van de UEFA. Un düt Janhagel wull iärstan pattu, dat düt Spiël laupen soll. Aower et wuor up den Sunndaggmeddag verschuowen.
Aower dat was bie dat Riängen un bie den Plass vull Water aobends eene Aperie west, dat kann'm nich begriepen. Dao wäörn fief of sess Lüe met so'n Gerai ut'n Huushaolt togange un wullen dat Water van den Plass schuwen. Mankst häbt se auk no met eene Grepe versocht, den Buoden unner dat Gräss so'n lück to kiëdeln, ümdat so dat Water dao nao unnen in den Grund laupen

soll. Weeß, wat dat was? Dat was eene Naoaperie van de Marache van den aollen Grieken Sysifus!

Holpen hät dat nich'n Spierken! Aower lachhaft was et!

Den Sunndagg drup was et wier müëglick, up düssen Plass to spiëlen. Un dao was Dütskland de Favorit un Dänmark hät gewunnen. Un dat häb ick de dänsken Fraulüe günnt. De wäörn'n graut' Deel biäter äs uëse Wichter, de sick mankst söffs in'n Wegg stonnen.

Villicht wüörn de Dütsken up den Plass vull Water biäter dran west. Weeß, waorüm ick dat üöwerlegge? De dütsken Wichter wäörn mankst so lamm äs aolle Poggen of Üsen, wann'm se met de flinke dänsken Fraulüe vergliëken hät.

Wat ick nu apatt no vertellen mott is düt: De besten Fraulüefootballers van Europa giff et in Holland. Dat stait nu för 2017 fast, un an de twedde Stiär sint de Wichter ut Dänmark kuomen. De grauten Länner sint alle unnergaohn. Aower dat mäck nicks. De häbt all faken genog gewunnen!

Schwienekoteletts schmiet't se di boll nao

In de leste Tied steiht uëse Blättken vull met een Triaoter üm eene Ministerske in Düsselduorp un eenen Buernhoff in Stemmert.

Et gait dabie üm de Schwienkes in'n Stall un iähre Gesundhait. Üm dat Spittakel, wu de Schwienkes up'n Damm sind of nich, gaiht mi dat hier nu aower nich. Dao laot sick de Lü met afhaollen, de daoför tostännig sind.

Mi gait dat mähr üm de so genömte „Massentierhaltung" un wat wi - du un ick - daomet to doon häbt. Un dat is eene Masse, auk wann wi nich ut de Buerie kuomt. Et wätt nämlicks alltied so viël produzeert, äs de Kunnen

25

dat häbben willt. Un dat is hier : Viël Fleesk för weinig Geld!

Un dao ligg de Ursake för de Tostänne in de Buerie. Denkt äs nao, - un dat gellt iärstan för de äölleren Lüe – wu dat fröher was. Dao gaff dat nich düsse viëlen Diers, de alleen för't Schlachten tüchtet wuorn. Un dao gaff dat auk no nich de viëlen Mensken, de alle Dage Fleesk up'n Disk häbben wullen. Dat satt bie de miästen gar nich dran. Guëdet Fleesk was düer. Et gaff unner de Wiäke villicht maol'n Stücksken Buuk-speck int Gemöös, wat met de Kartuffeln tosammen kuokt wäör. Aower den Braoden harn wi män alleen an'n Sunndagg of an de grauten Fierdage up'n Disk.

Dat was Fleesk, wat et süss in de Wiäke nich gaff, auk kiene Koteletts un sowat. Un auk de guëde Supp vant Rindfleesk gaff't nich alle Dage.

Un nu draff kien Mensk seggen, he möss dat viële Fleesk häbben, weil he jau auk viël un schwaor marachen möss.

Jau Deubelschlagg nomaol, glöff so'n Kärl dann wull, fröher harn de Lüe nich schwaore Arbeid hatt. De was no viël schwaorer äs vandage un duere auk länger, weil et no nich so viële Maschins gaff, de uës vandage helpen doot.

De Mensken willt de aollen Tieten nich wier häbben, wätt faken seggt. Aower wat dat Fleeskiäten angait, dao wüör dat guëd, wann't wier mähr äs fröher wüör. Dann was dat nich äs vandage, wat dat Billigfleesk un annere lätenssaken angait. De Supermärkte schmiet't di de Koteletts boll nao. De kriggs jau all för'n paar Cents naoschmiëten. Dao sitt de Wuordel för all düsse Malässen met dat Veeh vandage. Dat Wiärks met de Quadraotzentimeterkes, de dat eenzelne Dier häbben mott, dat is apatt bar dumm Tüüg.

26

Dao mott'm äs düftig togange kuomen, dann is't auk forts an'n End met de Schriewerie int Blättken üöwer eene Ministerske un den Buernhoff van iährn Mann!

Fiefhunnert Diers bie diärtig Muorn

He hät fiefhunnert Diers in'n Stall
un dat bie diärtig Muorn!
Wao lött he wull de Gülle all'?
Ick sin nieschierig wuorn.

Tankwiägen halt se bie em af,
daoför betahlt he Geld!
Un wann'k et auk nich wiëten draff,
de Naober hät't vertellt.

Män he wuss auk nich gans akraot,
wao all de Gülle bliff.
Villicht weet dat nich äs de Staot,
de de Gesette schriff.

Un wann'k et wüss, wat helpt uës dat?
Wu söllt't uës dao wull gaohn?
An'n Schwienstall stait dat Güllefatt,
daomet is et nu daohn!

Fiefhunnert Diers bie diärtig Muorn,
dat sint verkatte Saken!
Män et is no nich biäter wuorn,
un wi küënt nicks dran maken.

Auch so können Schweine leben – Zuchtsauen eines
Hofes in Telgte

Üöwerall staiht „SALE"

Dao kümp mi Jans Kattenstiärt düsse Dage in de Möte.
(Düssen Üöwernamen hät he van mi, weil ick sienen
echten Huusnamen nich verraoden draff.) He is de hells-
te Mensk wull nich, aower he kümp güëd trecht un hät
siene Arbeidsstiär, wao he genog verdaint, dat he sick
auk äs midden in Mönster nao niee Saken ümkieken
kann.

Wi häbt'n lück quatert üöwer düt un dat, un dao frögg mi
Jans so mähr niäbenhiär, wat dat nu wull soll, dat üö-
weral an den Kauphüser in Mönster nu S-A L-E stönn.
He hät et mi so quasi bookstabeert. Un düt Maol konn
ick em helpen, un ick häb em verposamenteert, dat et
nicks anners wüör äs dat dütske Waort „Verkauf", aower
hier was dat nu engelsk. Un et soll de Lü daorup hen-
wiesen, dat dat, wat in'n Laden wüör, nu billiger to kau-
pen wüör.

Dao wiest mien Jans met sienen Wiesfinger an sienen
Kopp un segg: „Wi sind nu aower hier in Dütskland, un
dao wätt Haugdütsk of auk wull Platt küert aower kien
Engelsk!"
Dao konn ick em Biefall giëwen, aober dat holp em nich
so recht wieder bie sienen Gedankenpatt. Un he fong
wier an to räsoneeren, dat et dat vüör Jaohr un Dagg no
nicht giëwen här. Dao stonn bie de Kauphüser „SSV", un
dao wuss jedereen, dat et „Sommerschlussverkauf" to
bedüden här. He har sick up dat SALE auk sienen eege-
nen Riem makt, un bie em was et de Afküörtung van
„Sollen alle Leute einkaufen", aower dao poss et em
nich, dat de Wäörde nich in de Riege wüörn. De Lüe
küeren anners, un dao kaim apatt „Alle Leute sollen ein-
kaufen", aower dat könn man nich met dat Waort SALE
beliek-teeknen.

Dao kanns äs wier saihn, wu lange auk Mannslüe üö-
wer een engelset Waort in Dütskland quatern küent.
Aower in eene Sake wäören Jans un ick ües eenig: „Dat
met düsse engelsken Wäörde of auk Naomen för mähr
äs'n Duts Saken harn wi beiden nich bestellt, un wi höl-
len so'n unwiesen Kraom auk nich för naidig!"

Blick vom Botanischen Garten auf das münstersche Schloss

De hümpelige Rollator

De äöllere Mann, well wi Adam nömen willt, har twee Rollators. Een daovan stonn unnen an sienen Treppenlift un de annere buowen.

Nu gong aower up'n güeden Dagg een van de Rollators in Tott un wuor afhalt van den Kaupmann, un de moss'n nao de Fabrik schicken, de'n wier heelmaken moss. So möss dat laupen, häbt se em verkläört.

Adam moss sick gau'n annern daoför besuorgen. He wull sienen Lokusrullstohl nich to lange för de Lauperie niëmen. Wat is dat auk för'n Kärl, de sienen Lokuspott daggdäglick vüör sick hiärschuwen will? Adam wull dat nich to lange friewillig doon.

Nu was he wull all'n aollen Mann van 80 Jaohre, aower he konn met so'n modernen Kraom, äs dat'n Riäkner is, no gans güed ümgaon.

Daorüm keek he sick int Internet nao eenen nich to düeren Rollator üm. Un äs he den dao funnen har, hät he sick dat Dingen bestellt, wat auk gau bie em int Huus bracht wuor.

So wiet so güed, aower nich gans güed!

De billige Rollator har eenen Feihler, he was hümpelig. Dat hett, dat eent van de veer Riäder sotoseggen in de Lucht hong.

Dat Rad kamm nich bes up'n Buoden, et was'n Centimeterken to kuort uphangen.

Nu har Adam dat spassige Dingen forts wier trüggeschicken konnt, aower daomet wull he waochten, bes he sienen anneren

Rollator wierkreeg.

Aower äs dat so wiet was, moss Adam int Krankenhuus. Daonaoh kamm de Reha, et laip alls üöwer'n Tiedken wegg, aower de Hümpelrollator was no dao.

Aower de annere Rollator, de nao den Laden un van dao nao de Fabrik trüggeföhrt was, de was wier in Adams Huus. Aower bevüör Adam nu den Hümpeligen wier trüggeschicken konn, was de Rollator, de just wierkuomen was, auk all wier kapott. Bie dat iärste Maol was et de Brems links west un nu de up de rechte Siete.

Daorüm moss de Hümpelrollator no'n Tiedken bie Adam bliewen.

Nu har Adam sick aower in dat allswiëtende Internet klook makt. Dao har he nämlicks funnen, dat et dat Deel, wat bie den Hümpeligen nich in Uorder wäör, för weinig Geld bie de Fa-brik kriegen konn. Daorüm hät he forts all eene E-Mail daohen schriëwen un drüm biddet, dat se em düt Deel iäm äs tostüern sollen. Aower dao anterde de Firma, dat et alle Saken alleen män an'n Hannel schickeden, an so genömte Privatkunnen gong dat up gar kienen Fall.
Adam was nu all'n lück in Brast, aower de Firma ut dat schöne Land Bayern hät em auk no schriëwen - wann't auk Wiäken läter was - dat he eenen Laden in dat Mönsterland daorüm bidden soll, dat Deel för em to bestellen.

Nu har he aower jüst met düssen Hannelsmann wat to doon. Adam kreeg van dao so allerlei Wiärks tostüert, wat siene Frau för siene Pliäge naidig har.
Un dao int Mönsterland - dicht bie den „Teuto", wao dat römske Janhagel van de Cheruskers wat up't Fell kriëgen hät - har Adam auk eenen so genömten Skooter met'n elektrisken Motor för rieklick Geld kofft.
Aower den hümpeligen Rollator har he nich van dao, un daorüm wullen de Kauplüe em auk nich dat Deel för düt mallörige Dingen besuorgen. Un siet de Tied krigg Adam siene Saken för de Pliäge van annerweggen hiär.

De Weherie met dat Deel för den Hümpeligen gong aower wieder. Adam gaff nich so gau up, wann he sien Recht wull, un de Hümpelrollator was auch no nich üö-wer de Garantietied.
Nu soll, nao de dusendste E-Mail, uësen Adam bie de Fabrik daomet üöwerkuomen, wecken Laden em dat

verdeubelte Dingen tostüert har. Un dat was auk'n Hannelsmann ut Bayern west.

Daonao kreeg he üöwer düssen Ümwegg dat Deel för den Hümpeligen van sienen Breefdriäger int Huus bracht.

Aower, leiwe Lüe - ji küent et glaiwen of auk nich - dat Deel was verkatt, dao konn he nicks met maken.

Dao hät Adam nu wier eene E-Mail lossjaggt, hät de Mensken dao kuort vüör de haugen Biärge verkläört, wat loss wüör. Aower dao mott wull een Menskenkind siäten häbben, wat to de Kabeleernfamilige „schwer von kapee" tellere.

He kreeg wier een Päcksken, dütmaol aohne den Ümwegg öüwer den Verkaiper - un wat satt dao nu drin ? - wier düt Deel, wat he nich bruken konn.

Nu hät he dat Tüüg tweemaol dao liggen, un siene Enkelkinner sind all so graut, dat se met sowat nich mähr spiëlen willt. De Hümpelrollator kümp nu wegg äs Aoltiesen of sowat.

Bie düt tragiske Vertellsel is de arme Adam nu auk no sowat äs'n „Rassist" wuorn. He will nu met Kauplüe un Fabrikanten ut Bayern nicks mähr to doon häbben. Dat segg he to alle Lüe, de et wiëten willt.

Aower Adam is bie düsse Tragikomödie auk klööker wuorn. He köff siet de Tied auk nicks mähr, wat in dat allswiëtende Internet äs'n „Schnäppchen" utstaffeert is!

Met de Iesenbahn twiärs düör Mönster

In de leste Tied stait boll alle Dage wat int Blättken üöwer de Stadt Mönster, wao et viël to viële Autos up de Straoten giff, un wao'm muorns un aobends nich vüörankümp. Un daobie gait et auk üm die Iesenbahn. Aower dao wätt alleen män üöwer de Verbinnung tüsken Mönster un Sennhuorst striëden.

Aower ick häb all vüör Jaohr un Dagg drüöwer naodacht un schriëwen, dat'm auk no annere Wiäge met de Iesenbahn häbben könn.

Denkt äs an fröhere Tieten, wann ji aolt genug sint, un wann dat nich de Fall is, fraogt äs juen Opa of jue Oma, wu dat fröher rund üm Mönster togong. Dao gaff dat eene Masse Bahnhüöwe mähr äs vandage. Dao konn'm van Mönster nao Warnduorp föhrn, un up den Wegg haoll de Bahn in St. Mauritz, in Handurop, in Jägerhuus un tüsken Telligt un Warnduorp auk no an iälke Stiärn. Dat is män een Biespiël, un dao könn'm no eene Masse Stationen in Mönster uptellen.

Dao könn'm auk, wann et eene Stadtbahn gaff, van Amelsbürn twiärs düör de Stadt naoh Handuorp föhrn, un dao gaff et unnerweggens auk no Plässe to't In- un Utstiegen.

Fröher, leiwe Lüe, äs uëse Schlaopkwartier Handuorp no dat Duorp van de grauten Kaffeepötte was, dao sind de Lüe up'n Sundagg of'n Saoterdagg van Mönster nao Sudmüël met de Iesenbahn föhrt, häbt eenen Spaseergang düör Handuorp makt, un aobends gong't van'n Bahnhoff in Handuorp wier trügge nao Mönster.

Wi häbt all de Schienenwiäge in Mönster un brukt se nich för eene Stadtbahn. Jau Deubelschlagg un verflixt nomaol, dao könn auk wull no eene Stadtbahn drup föhrn. Dann gaff dat auk nich mähr dat Stüënen daodrüöwer, dat'm in de Stadt un drümto nich vüörankümp!

Dat is nu wull alls een Draum van mi, un wann dao wat van waohr wüör met de Tied, soll ick et wull nich mähr beliäwen. Aower ick häb jau auk no Enkelkinner, un de

34

willt wisse nich so gään dao wuënen, wao et niemaols so recht vüöran gait.

Wann sick aower nicks ännert in Mönster un drümto, dann giff dat kien Vüörankuomen mähr in de Stadt, dao staoht dann muorns de Autos van Albslauh bes nao Graiwen ächternanner un jüstso süht dat up de anneren Straoten ut.

Un dat Leigste is et, dat boll in jedet Auto män een Mensk sitt. Daobie wätt alltied van so genömte „Fahrgemeinschaften" küert, aower dat will nich batten.

Münsters Schloss gehört heute zur Universität

Ick will äs wier nao Mönster föhrn

„Ick will äs wier nao Mönster föhrn,
ick will äs wier wat Nieet häörn.
Dao gaoh ick düör de Stadt,
luster un kiek mi satt.

35

Un sin'k dao iärst ant Laupen,
kann'k düt un dat no kaupen.

Un aobends kann ick mi dann mellen
Un ju van Mönster wat vertellen."
So hät Marie dat in iährn Sinn
un stigg gau in iähr Auto in.
Män eene Stunn' verlüss de Frau
bie Graiwen all in eenen Stau.

Un äs se endlicks is so wiet,
kümp se jüst in de drockste Tied!
Gans Mönster sitt met Autos dicht,
un stunnenlang söch nu dat Wicht
nao'n Parkplass, wao no'n Ecksken frie,
verlüss boll de Geduld debie!

Vüör'n Parkhuus is 'ne kuorte Schlange,
män vüör de Hüser is se bange.
Äs Frau alleen daodüör to gaohn,
dai'k auk nich, dat kann'k güed verstaohn!
Nu finnt se endlicks kuort vüör sess
So'n Plass, waohen iähr Auto päss.

Nu mott se harre laupen,
üm no'n lück intokaupen.
Se hät män no een Stündken Tied,
dann mott se trügg', dann is't so wiet.

Dann föhrt nao Huus de arme Frau,
kümp hie Ladbiärgen in'n Stau
un is to Huus totaol an'n End!
Se segg to jeden, den se kennt:
„Doot mi nich viël van Mönster küern,
naichs Maol föhr ick nao Ibbenbürn!"

Am Aasee in Münster mit einer Skulptur von 2007

Een Buer will nao Mönster

Nao Mönster will äs maol'n Buer,
män he kümp blaus bes Angelmuë.
Nu lustert mi iäm to,
ick segg ju auk wuso.

An düssen Dagg is et so heet,
un van de Bless löpp em de Schweet.
Dao kümp't em in den Sinn,
ick gaoh in'n Wärtshuus 'rin.

De Wärtsfrau dao, de Dorothee,
de hät so'n daipet Dekolletee!
He gaiht an'n Treesen sitten
un kick iähr up de Titten.

Dat Kieken up de Buorst
mäck em grülicken Duorst!
He süpp un süpp un kick un kick,
un nao twee Stunnen is he dick!

Daorüm kümp uëse Buer
auk blaus bes Angelmuë. -
Wann du dat häs verstaohn,
kann't di nich auk so gaohn!

Wat mäcks met't Rad bie Schnei un les?

Wao wi nu jüst bie Mönsters vulle Straoten west sint,
fäöllt et mi in, dat et leste Tiet auk faken daorüm gait,
dat'n mähr un gröttere Radwiäge häbben mott, daomet
de Lüe guëd nao iähre Arbeidsstiär un auk wier trügge
nao Huus hen kuomt.
Dat is jau wull guëd un recht, aower et wätt nich drüöwer
küert, wat du met dien Rad bie Schnei un les maken
kanns.
Dao is et nu wull eene Fraoge, of in düssen Fall auk
rechttietig de Wiärge so pliägt wärden küënt, dat'm dao
nich alltied män de Krankenwiägen braken süüt, de dao
Lüe afhalt, de'n Mallör hatt häbt bie dat Wiär. Wann du
dao met een so genömet Pedelec up Patt bis un kümps
to fall, kanns di gau genog diene Knuoken briäken. Düs-
se Riäder föhrt jau auk all met 25 km/h of no gauer, un
wann so'n gauet Rad dann'n Mallör brengt, kanns van

Glück küern, wann du daonao an'n düftigen Dokter ge-
rötts!
Menns nich auk, dat för de Winterdage so eene Stadt-
bahn viël biäter wüör?

Das Heimathaus in Münster-Handorf im Schnee

Eene U-Bahn küént wi in Mönster nich verlangen, un dat
ligg nich alleen an dat naidige Geld. Uése Stadt Mönster
ligg deelwiese up eene Sandbank of sowat, un dao is dat
nich so eenfack met so eene Bahn unner Mönster.
Daorüm segge ick di daoto, dat wi ués hier jau wull nich
so mallörig maken willt äs de Mensken in Köllen, de dat
Büöwerste nao unnen fäöllt, wann se unnen anfangt to
buddeln! Äs dao dat Stadtarchiv üöwer Kopp gaon is,
mossen drächterhiär de Mönstersken no methelpen, dat
Köllen sien Papeer ut düt Archiv auk wier bruken kann.

Auf dem Glockenspielturm des münsterschen Schlosses glänzt ein
goldener Engel im Sonnenlicht

Ick was up Mönsters Wiehnachtsmarkt

Ick was up Mönsters Wiehnachtsmarkt,
dat kanns wull saihn un ruken.
Mien Mantel is 'ne „Speisekart'",
den kann'k so nich mähr bruken!

Iärst schmeert mi eenen Mostert drup
un Ketchup van de Wuorst.
Daonao kamm Glaihwien met'n Schwupp,
män mien Mantel har kien' Duorst.

Dat holp em nicks, he kreeg sien Fett
auk van de Riewekokens met.
Un glöff mi't auk kieneene,
nu häb ick alls bieneene.

Ick schuw' mi naichs' Maol nich daodüör.
Dann bliew ick leiwer buten vüör! -
Dao helpt auk nich dien Küern,
ick bliew up mienen Büen.

Verdiärwt Politik den Charakter ?

Et wätt faken seggt, dat de Politik den Charakter verdi-
ärwen sall, un et giff auk wull söcke schwaoren Fälle,
wao'm dat süüt, aohne dat'm sick vüörhiär de Brill putst
hät.
Mannigeen gait in de Politik, üm sick'n güeden Posten to
besuorgen, wao all nao kuorte Tied eene güede Rente to
verwochten is. Un dao sint auk all iälke Politkers west,
de iärst flietig in iähr Parlament wäörn, aower sick auk
rechttiedig nao eene Stiär in dat büöwerste Stockwiärk

41

bie de Industrie üm-kiëken häbt. Ick denk apatt wull, dat ick daoto kiene Naomen to nömen bruuk.

Nu is aower düsse Dage wat passeert, wao'm sick auk fraogen draff, of dat nich auk wat met de laige Siete van de Politik to doon hätt.

Dao is in uëse Naoberland Nedersassen eene Frau ut dat Parlament, wao se äs Gröne siäten hät, harüöwer nao de CDU gaon.

Un daodüör is een grautet Politik-Mallör togange kuomen.

De regeerenden Lüe van SPD un Gröne häbt nu nich mähr genog Stemmen, üm ant Regeeren to bliewen. Dat obstinöske Wief, wat dao van Grön nao Schwatt üöwerlaip, will iähren Plass int Parlament pattu behaollen. Se is van de Grönen weglaupen, weil de iähr bie de naichste Wahl nich wier in de iärsten Riegen setten wullen, wao auk wull wier'n Pöstken int Parlament to kriegen west wüör. Se mott in iähre Tokunft nu wull wier äs Biamte in iähr Finansamt sitten, ofschonn se gääne in de Politik bliëwen wüör. Seggen dööt se aower auk nu all, dat se auk wull in dat Europaparlament sien mögg. Aower of dao de CDU metspiëlt, dat sall mi äs wünnern.

Nu moss in Nedersassen nie wählt wärden, un dao wass dat in düssen Fall müëglick, dat Raud-Grön nich mähr gewinnt. Un so is et auk kuomen. Nu sint de Schwatten met de Rauden tosammen ant regeeren.

Un dat hät düt Maol auk wat met de Autos van VW to dohn un met düsse Diesellaigerie van VW. Un dao sitt de Ministerpräsident van Nedersassen met bie de Lüe, de uppassen söllt, dat dao alls in Uorder is. Aower dat is et all'n Tiedken nich mähr. Aower daodrüöwer küert wi'n anner Maol.

Kien Schutzengel mähr?

Guod keek van'n Hiëmel nao hier unnen
so üöwer't heele Firmament
un sagg, he har den Indruck wunnen,
met uëse Äer wüör't boll an'n End.
Kien Schutzengel wüör mähr to finnen,
de gään wull nao dao unnen gaohn.

Un Petrus segg nao'n kuort' Besinnen,
he könn de Engelkes verstaohn:
„Häer, kiek Di dat äs niepen an!
Bie all dat mensklicke Geflaige
kümp boll kien Engel heel mähr an.
De Gewerkschaft van de Cherubims
hät nich mähr viël Geduld.

Auk sachtmödige Seraphims
seggt, se wüörn't nich in Schuld,
wann kieneen mähr nao unnen wull,
wao de Lucht un auk de Grund
gans dull met Gift sitt vull,
kien Engel bleew gesund.

Un dann de grauten Schüern all
met Bomben un Granaten!
Gaff dat dao maol'n grauten Knall,
könn'm nao Huus hen nich mähr starten.
De Mensk verdaint nich mähr Geduld,
laot de Engelkes hier buoben.
De Menskhait is alleen dran schuld,
se hät't sick söffs verduorben!"

Jagdsprüëke

Döht de Wind de Baime baigen,
bliew int Huus un jag de Flaigen!

Doh nich int dichte Driewen schaiten,
du kanns kein' Schuss mähr trüggeflaiten!

Bie „Treiber rein!" schait nich nao binnen,
süss bis vüör't Jagdgericht to finnen!

Bie „Hahn in Ruh!" is't Driewen uut,
de Patronen müët ut de Laipe rut!

Mak bie de Jagd de Döppen loss,
süss kriggs nich daut den dicken Voss!

De Driewers sind vandag nich frie,
drüm scheit nich drup, dat raod ick di!

Dat Dicksien is kien Missgeschick,
drüm sup di bie de Jagd nich dick!

We't Wild akraot nich anküern kann,
de legg auk nich de Flint' drup an!

Scherenschnitt von Gisela Harhues

To viël „Zid“!

De Naober gong nu ut de Tiet.
Met *Biozid* und *Pestizid*
wuor he gau siene Blattluus quiet.
För't Unkruut gaff't gau *Herbizid*.
De Flaige kreeg *Insektizid*!

Gaff em nu een' so'n „*Homozid*“?
Of was't bie'n Naober *Suizid*?
Up jeden Fall was't to viël „Zid“.
Nu sin wi uësen Naober quiet!

Graugänse haben sich im Boltenmoor bei Greven angesiedelt

Die ca. 500 Jahre alte Eiche bei Haus Langen diente auch vielen Malern als Motiv

De gröttste Windmüël wiet un siet

Bie uës in Handuorp willt Lüe eene Windmüël upbauen dicht an dat Buodendenkmaol „Haskenau" wao vüör Hunnerte van Jaohre eene Buorg staon hät. Dat is dicht bie de Stiär, wao uëse Wärse in de lëmse flütt. Un dao drümto giff et graute Plecken Land, de unner Naturschutz nuomen sint. Un Pütts för Drinkwater wäörn dao auk. Ick weet aower nu nich mähr so akraot, of de dao no sint, weil ick dao nich mähr naokieken kann, un de Lüe, de ick froggt häb, wüssen et auk nich. Aower dat is hier auk eendoon, weil et hier üm so viël gait, dat et nu up söcken „lütken Kraom" auk nich mähr ankümp.

Düsse graute Windmüël sall elektrisken Strom maken, un daomet willt läteran iälke Lüe viël Geld verdeinen.

Nu sall düt Monstrum aower üm 230 m hauge wärden. Un dat in eene Giëgend, wao Mensken un Diers nu nao aohne Malässen liäben küënt.

Wann dat wöstgraute Dingen dao aower steiht, dann is et dao met dat rühige Liäben wanners ut!

Of dat mordsgraute Aos dao henpäss midden in uëse schöne Heimaot? Mi dügg dat nich, aower ick häb nicks to seggen bie sowat! Dao sint de Lüe in uëse Raothuus an de Riege. Aower dat graute Mallör is, dat dao utgeriäknet de Grönen un de CDU tosammenholt. Dat is apatt eene Stadtregeerung, de nao miene Mainung för uëse Stadt nich wat dögg. De Parteien sint normaolerwiese äs Katte un Rüen, aower hier bliewt se wull no för'n Tieken bieneene, daomet se wat to seggen häbt. Dat is hier no viël laiger äs wann fröher een katholsket Wicht eenen luthersken Jungmann hieraoden wull. Dat droff auk nich sien!

Aower, leiwe Liäsers, ji häbt jau siëker bie eent van de vüörigen Vertellsels miärkt, wu de Politik den Charakter verdiärwen kann.

Dat Raothuusjanhagel van Schwatt un Grön hätt all tostemmt bie düt grülicke Wiärks, aower et giff no eenen Verain, de dao giëgenan gaon will. Aower viël huopen, dat düsse Lüe daomet praot kuomt, doo ick hier nu pattu nich. Aower wu hett dat alltied: Vüör Gericht un in de hauge See bis du in Guods Hand.

De Lüe de dat Monster dao upbauen un daomet Geld verdeinen willt, de giëwt sick aower auk wull met een Urdeel nich af, wann't üm iähr Geld gait. De hollt et met de aollen Römers, de seggt häbt „Pecunia non olet". Aower daomaols gong dat män üm eene Stüer för de uopenen Schiet- un Mie-gehüüskes in Rom. Hier bie uës in Handuorp gait et üm viël mähr.

Aower wat ick auk no vertellen mott, is düt hier: Iälke Lüe in uëse Buerschopp an de annere Siete van uëse Duorp, de söllt seggt häbben: „Laot de Buern dao män drieste dat Aosdier upbauen. De Haupsake is et, dat düt Dingen nich in uëse Naoberschopp kümp!" - -

Tüskentieds häbt se dat Monstrum upbaut, un Handuorp mott sick dran gewüëhnen. Nu häb ick nicks giëgen de so genömte Windenergie. Aower an söcke Windmüëlen kann sick de aolle Mensk män gans schwaor gewüëhnen!

Kien Ei bie't Fröhstück ?

In de lesten Jaohre häbt wi genog an Äöserie in Iätenssaken hatt. Dao gong et aower faken üm dat Fleesk. Düt Maol gong et met de Eier loss. Hunnertdusende van Eiers sind in den Affall schmiëten wuorn, weil - wu't utsüüt – een Mensk in Belgien wat in een Spritsmiddel för de Höhnerhüser misket hät, dat üöwer de Eier auk bie de Mensken ankümp, de so'n Ei bie't Fröhstück iäten doot, of de daomet kuokt un backt un – weet de Deubel - süss wat daomet maken willt.

Dat Middel, wat dao unnermisket is, hett Fipronil. Un dat is mordgefaörlick in de Hauptsake för de Kinner un hät in Liäbensmiddels nicks to söken. Aober et sitt nu in de Eiers bie de Höhnerbuern, de eene holländske Firma to't Schiermaken van Höhnerhüser bie sick hatt häbt. Bie

49

düt Schiermaken gait et daodrüm, dat all düt Untüüg, wat de Höhner tüsken iähre Fiärn un up de Huut sitten häbt, daudmakt wätt. Daogiëgen mott af un an wat makt wärden, süss sind de Höhner am Enne no krank, un met dat Eierleggen is't dann wanners alle.

De aollen Lüe wiëtet vandage no, wu dat nao den lesten Krieg was met dat Untüüg, wat de Mensken grülick quiälen konn. Dao gaff dat Flaihe, Lüüse un af un an auk Wandlüüse. De Kinner, de sowat up'n Balg sitten harn, de droffen nich in'n Kinnergaorn un auk nich in de Schoole kuomen. Süss har bolle dat ganse Duorp of Stadtveerdel de Last daomet hatt.

Nu sin wi alle aower nu met düsse Eieräöserie auk no gewahr wuorden, dat'm in Belgien all wiäkenlang wiëten hätt, dat düsse Schwienkraom antogg was. Aower de tostännigen Lüe in Belgien häbt dat nich rechttietig unner de Kunnen van de Eierbuern vertellt. Nu willt se sick daomet drutküern, dat har wat met dat Stillschwiegen vüör't Gericht to doon, düsse Schalaiers. Mi düch äher, dat se iähre eegenen Höhnerbuern nich den Hannel kaputtmaken wullen!

Un nu gait dat met de Unnersökerie wiägen dat Fibrinol auk no wieder bie all dat Wiärks, för dat bie dat Trechtmaken auk de Eiers bruukt wärdet. Äs wann de tostännigen Stiärn nicks anners to doon harn!
Un bie düsse Gelegden süüt'm auk wier, dat et no lange nich genog Lüe in de Stiärn giff, de drup uppassen söllt, dat'm üës kien Untüüg int läten dööt un dat wi muorns bie't Fröhstück auk no üëse Höhnereier iäten küent, aohne bange drüm to sien, dat'm naohiär Buukpien krigg of stunnenlang up't Hüüsken sitten mott.
Ick glaiwe, dat viële Lüe - vüöran dat junge Blagenvolk – sick kien Beld mähr daovan maken küent, wat so'n Höhnerei nao den lesten Krieg bie us int Land wärt wäör.

Et gaff nich faken Eier in'n Laden to kaupen, un up den schwatten Markt hät een Ei daomaols fief Mark kost. Daoför moss een Mann rund fief Stunnen arbeiden, so weinig gaff dat äs Lauhn to de Tied!

Diers bie mi in'n Gaorn

Mien Gaorn - so dügg mi dat - is een Biespiël för de Kämpe, Wiesken un Büske in uëse Land. Vüör Jaohr un Dagg konn ick hier allerlei Diers bekieken. Aower daomet is et nu wull vüörbie. Dat fong all an, äs de Dannen-busk up de annere Siete van uëse Straote nich mähr dao wäör. In düssen Busk konnen wi uës fröher to Wiehnachten eenen Kristbaum utsöken. Un de fong nich nao kuorte Tied daomet an, siene Naodeln aftoschmieten., dat de Huusfrau forts wier Arbeid har. Düssen Baum was auk no grön, wann de Hilligen Drei Küëninge all an de Krippe ankuomem wäörn.
Aower wao fröher düsse Busk wäör, dao staoht nu niee Hüser.

Karnickels sint bie mi nich mähr to saihn, un in de Naoberschopp auk nich. De Schwienegel lött sick auk nich mähr saihn, un auk de Eeksken sint raor wuorn. Se kuomt wull af un an no up Besöök in den Naobersgarn, weil dao een grauten Nuëtbaum staiht. Un de Dierkes suorgt daofüöe, dat bie mi auk wat upgaiht jüst dao, wao de Eeksken de Nüëte vergrawen häbt. Se häbt dao iähr läten nich wierfunnen. Aower wat nu auk bie mi kümp, dat is de Katte ut een Naoberhuus. Dat kann düt Dier män drieste doon, wann et nich miene Vüëgelkes fangen will. Dao mott ick em gau den Trüggewegg wiesen.

Vüëgel sint bie mi auk nich mähr so viële äs fröher. De Lüninks sint wier mähr wuorn, de Gaitlinge sint no alltied dao un de Mesen auk, aower nich mähr alle. De Stiärt-meskes saih ick nich mähr. Dat Rautbüörstken is auk no dao, aower süss is alls weiniger wuorn. De Duolen sittet no bie uës up dat Dack, aower den Wegg in den Schuotsteen hät iähr de Schuotsteenfiäger dichtmakt. De Bloodfink faihlt

Meisen gibt es noch in meinem Garten

mi auk, un sienen Vedder, nämlicks den Bookfink, saih ick auk bie mi nich mähr.

Af un to sitt auk wull eene dicke Duwe bie mi up dat Grön. Un düt Grön is pattu kein „Golfrasen", dat kanns mi glaiwen. Ich laot alls wassen, äs et will. Un miene Diers sint daomet guëd tofriär. De läskstern kuomt auk nich faken bie mi an. Aower dat is auk guëd so. Dat Rawenvüëgeljanhagel will ick gar nich hier häbben. Un jüst daoto mott ick no wat vertellen: Ick was jau 13 Jaohre auk in uësen mönstersken Heimaotbund. Un dao häbt wi auk äs üöwer de Vüëgelkes in uëse Gäörns spruoken. Un jüst dao wäörn wi alle daovan üöwertüügt, dat et to viël van düt Janhagel giff, wat sick Kraih, läkster un Hiëkster nömt. Un daoto häbt wi een Schriewen an de Stadt schicket, un wu uës dat dao gaohn is, staonn jau all in mien Schriewen üöwer de Jagd.

Überraschungsgast im Garten war ein Grünspecht
Dat hett nu aower, dat wi, de dat daggdäglick beliäwt häbt, män eenen Spook saihn häbt, of wu is dat nu? Kann dat wull een Mensk met Vernüll begriepen.
Ick will ju äs wat seggen, leiwe Liäsers: Glaiwt nich alls, wat ju de Biamtem verkläörn willt. Dao giff't söcke un söcke, un of de alle so recht wies sint, weet ick nich. Auk nich äs aollen Mann, well ick nu sin!
Et giff aower auk no'n kleinet Dier bie in'n Gaorn, dat et alltied wahne ielig hät. Dat is eene Muus. Eenmaol satt dat Äösken bie Krüëmelkes un was ant friäten.. Dao konn ick et met int Beld kriegen.

53

Eine Rötelmaus wohnt auch in meinem Garten

Wat wätt ut uëse Duorp?

Äs ick 1976 in mien Huus in Handuorp introcken sin, dao was et no dat „Duorp met de grauten Kaffeepötte". Un et wäörn alltied no'ne Masse Lüe, de nao Handuorp göngen, üm dao kommodig iähr Köpken Kaffee to drinken un een läcker Stücksken Koken to iäten. Et gaff alltied no Gasthüser genog, wao'm dat konn, un dat siet bolle een Jaohrhunnert.

Dat gröttste Huus was Vennemann, un in de iährn Kaffeegaorn können rund dusend Lüe Plass finnen. Dao kann sick vandage kien Mensk mähr een Beld van vüörstellen. Ick häb et no söffs beliäwt, dat wi dao uëse Schoolfiern van uëse Schlaunschoole harn, un dao kammen gau genog dusend Lüe bieneene.

Im ganzen Münsterland war das Hotel und Kaffeehaus
Vennemann bekannt

Met de Tied wuor de graute Gaorn in eene nich allto
graute Terrasse ümtuusket. Dat Laupen van Mönster
nao Handuorp was dao all dütlick weiniger wuorn. Un
vüör iälke Jaohre was't met Vennemann up eenmaol
gans an't Enne kuomen. Dat ganze Huus wuor afriëten,
un an düsse Stiär wuor een grautet Wuohnhuus upbaut,
wao sick Lüe met genog Kapital iähre düeren Wuohnun-
gen „mit Werseblick" kaupen konnen.
De aolle Landraot Pottebaum sall wull kolleersk up dat
lärwe van siene Frau van'n Hiëmel harunnerkiëken häb-
ben (wann he dao buoben all is). He hät in siene Tied äs
Landraot no met-holpen, dat'm de Bonibuorg gau genog
afriëten hät, wiägendem dat dao nao'n Krieg för dat
Huus Vennemann süss eene to graute Konkurrenz west
wüör.

Aower dat häbt de Mönstersken gau genog vergiäten, süss har de gröttste Plass in Handuorp nich den Naomen „Dr.- Hugo- Pottebaum-Platz" kriëgen. Aower dao föllt mi jüst in, dat Pottebaum nao den lesten Krieg auk daoför suorgt hät, dat wi in Handuorp nich wier eenen grauten „Militärflugplatz" kregen. Daorüm willt wi em den Plass int Duorp auk güënen.

Blick auf Vennemann von der Wersebrücke aus (Foto von 2009)

Een grautet Kaffeehuus was auk „Haus Pröbsting" vüör un nao den lesten Krieg. Vüörhiär was et een grautet Buerniärwe west. Aower et was dann - ick weet nich akraot in wecket Jaohr – in de „Von der Tinnen-Stiftung" kuomen. Bie düsse Wärtschopp was auk'n maneerlick grauten Saol, wao de Handuorpsken Vereins güëd fiern konnen.

Wi häbt met uësen Bläösertropp van de Jägers in dat Huus no met uëse Jagdhäörns de Jagdsignals probeeren drowt.

Aower auk düt graute Wärtshuus is för di un mi nich mähr to't Koken- of Aobendiäten of sowat dao. Den gansen grauten Kraom häbt se auk in düere Wuohnungen ümwannelt. Dat gong nich gans eenfack, weil dat ganse Krippken unner „Denkmalschutz" staonn.

„Haus Pröbsting" vor dem Umbau

Vandage kanns di dat Wiärks nich mähr ut de Naigde bekieken, dao is nu een grauten un haugen Tuun, daomet du de Lüe dao nich mähr in de Pötte kieken kanns!

De naichste Wärtschopp, de kiene mähr is, dat is de „Handorfer Hof". De Naome is wull no dao, aower dat is nu een Huus för aolle Lüe wuorn. Bie den Ümbau, de dao auk wäör, dao staonn de Baulüe so'n lütket Fackwiärkhuus in'n Wegg. Daodrut is met de Tied uëse Heimaothuus wuorn, un ick häb söffs dao auk met för suorgt. Aower dadrüöwer häb'k all ge-nog an annere Stiärn schriëwen. Un een Beld daovan finns auk in düt Book.

Nu is dat met dat Gasthuusstiärwen aower no nich ant Enne kuomen, dao mott'm auk no wieder drüöwer küern. Aower et hät sick auk wat biätert.

Jüst nu is dat „Haus Münsterland" wier upmakt wuorn. Dat graute Huus met'n grauten Saol un iälke Kiëgelbanen söch nu Lüe, de dao auk faken hengaoht, daomet de Wäät nich verschmachten mott. Dat Huus hät aower auk'n nieen Naomen kriëgen. För düsse Ännerung häbt se nu Platt un Haugdütsk misket. Dat is'n spassigen „Cocktail" wuorn. Et nömt sick nu „Dat Handorfer Huus". Wann se mi of mienen Plattdütskfrönne rechttietig froggt härn, wüör dat Wäätshuus nu unner „Dat Handuorpske Huus" to finnen, waobie ick nich akraot weet, of'm hierbie dat „Handuorpske" graut schriewen draff, weil et hier äs „Wiewaort" brukt wuorn is. Aower dat sall mi auk e-endoon sien, De Hauptsake is et, wann dat Huus auk de naichsten 100 Jaohre bestaohn bliff!

Dat Huus was fröher äs dat so genömte „Soldatenheim" un dao sollen de Suldaoten - dat wäörn Dütske, Hollänners un Amerikaners – hier met annere Lüe ut de Stadt Mönster bieneenekuomen. Dat laip auk jaohrelang bestguëd, aower äs bolle kiene Suldaoten mähr dao wüörn, gong et sachte aower dütlick met dat Huus biärgaf.

Un wann nu een Mensk sick denkt, daomet wüör dat all genog in uëse Duorp - of mienthalwen auk uëse Stadtveerdel van Mönster – de verdööt sick gans gefäörlick.

Dat naichste Huus, wao'm nich mähr wat drinken of iäten kann, dat is midden int Duorp dat Huus, dat viële, viële Jaohre lang den Naomen „Deutscher Vater" hatt hät. Dat is nu all afriëten wuorn. Dao is all een „Investor" met antogg, un dao söllt nu in de naichste Tied Wuohnungen hen, un unnen söllt Kauplüe iähren Laden häbben. Aower of dat leste so recht wat wätt, moss mi nich fraogen. Aower wann ick dran denken doo, dat et int Duorp all so genömte „Leerstände von Verkaufsräumen" giff, häb ick dao so miene eegene Meinung to. Un ick frei mi all drüöwer, dat ick nich düssen Investor sin.

Un nu, miene leiwen Liäsers, mott ick ju wier seggen, dat et daomet auk no alltied nich genog is. Nu is tüskentieds de „Wersehof" auk afriëten. Un de graute Laden niäbenan is auk wegg. De sall aower viël grötter wier nie upbaut wärden. Aower wat up den Grund kümp, well dao no üöwer is, kann'k nu no nich verraoden, weil ick't söffs no nich weet. Et wätt alle Dage wat van Wuohnungen küert. Dat kann'k mi wull vüörstellen, weil'm daomet no guëd Geld maken kann.

Aower wanneer dat Duorp, of mienthalwen auk de Stadtdeel, auk wier wat hätt, wao'm aobends sien Fieraobendsbeer in verscheidene Wärtshüser drinken kann, dat weet kieneen to vertellen.
Handuorp, dat jau nu all lange nich mähr dat Duorp met de grauten Kaffeepötte is, sall wullmüëglick in de naichste Tied män alleen no eene Schlaopstadt sien, äs mi un viële Lüe in Handuorp dat so dügg.

Et is aower auk gans guëd müëglick, dat wier mähr Liäwen int Duorp kümp, wann in de nieen Wuohnungen, de et nu bolle giëwen sall, wier junge Familgen met'n Tropp Kinner intrecken doot.
Daomet giff dat wier Malessen, weil wi dao bolle in uëse Kinnergäörns un Schoolen nich mähr genog Plass häbt för all dat Blagenvolk. Un Lährsken un Magisters häbt wi dann wisse auch nich genog. Män dao giff cat vandage üöwerall Malessenmet. Dao mott daoför in Dusselduorp eene biätere Schoolpolitik makt wärden.

Kick süh, un dao kanns du nu alls wier dreihen, wu du dat wills. De Tied gaiht wieder und wieder un löpp äs so'n Ziesemännken. Un dao helpt di dat auk nicks, wann du dusendmaol vertells, dat fröher alls biäter west is. Un daoto föllt mi no wat in, wat ick no vertellen mott: Du konns bes in de siämßiger Jaohre vant vüörige Jaohrhunnert no met de Bahn nao Sudmüël föhrn. Von dao bis twiärs düör de grauten Büske van de Dyckbuorg wannert nao Handuorp hen. Un wann du dao dienen Kaffee un Koken giäten hars, konns met de Iesenbahn van Handuorp wier trügge nao Mönster föhrn. Dat Wiärks hät uës de Iesenbahn kaputt makt, weil met de lütken Bahnhüöwe kien Geld to maken was.

Reste einer alten Wallhecke bei Westbevern, einem Stadtteil von Telgte

„Wi föhrt leiwer nao Telligt!"

„Wi föhrt leiwer nao Telligt äs nao Mönster." Dat segg di mannigeen hier bie uës in Handuorp, un ick weet auk waorüm.

In Telligt kanns midden in de Stadt dien Auto afstellen, un för twee Stunnen brüks dao auk nicks för betahlen. Un de Kaupmannsläden sint alle dicht daobie.

Aower dat is lange nich alls, wat Telligt di anbaien dööt. Et giff iälke guëde Wärts- un Kaffeehüser, wao'm binnen un buten kommodig sitten gaohn kann.

Aower langs de lëms giff dat auk Wiäge, wao'n fien spazeeren gaohn kann. Et giff auk guëde Wärts- un Kaffeehüser, wao'm binnen un buten kommodig sitten gaohn kann.

För de Lüe, de no guëd up'n Damm sint, lauhnt sick auk eene Wannerung düör de Klatenbiärge bes naoh de Waldhütte. Un wann een Besöker van Telligt sick för Kunst intresseert, kann he dao wat finnen, wat sotoseg-gen ganz dicht bie to bekieken is. Dao giff dat den Krüüswegg, de sick to besöken lauhnt. Dao mott'm aower tosaihn, dat'm nich de Lüe twiärskümp, de dao to't Biäden henlaupen sint, wann'm söffs män kieken will.

Am miästen lauhnt sick Telligt, wann in'n fröhen Hiärwst (September) wier de „Mariä-Geburtsmarkt" is. Dao mott'm de Piärde int Muul kieken, wann'm wiëten will, wu aolt se sint.

De Mariä-Geburtsmarkt was fröher de gröttste Markt för den Piärdehannel int Mönsterland.

Aower wao ick Ju auk no drup henwiesen mott, dat is de Besöök van dat Krippenmuseum in Telligt.

Telgte – Blick über die Ems auf die Pfarrkirche

Diese Skulptur an der Emsstraße weist auf den
„Mariä-Geburts-Markt" hin

An der Ems in Telgte

Wallfahrtskapelle in Telgte, in der die Wallfahrer Zuflucht
bei der Muttergottes suchen

Wat dais Du, Kristkind, uës seggen?

Wat dais Du, Christkind, uës seggen,
wann Du nu hier bie uës wüörs?
Laot mi nich lang üöwerleggen!
Dat gaff alle män Mallörs!

Du dais ganz klammheimlick kuomen,
aohne „Visum" wull gewiss.
Wüörs hier nich äs Kind annuomen,
weil'n „Asylbewerber" bis.

Du dais nüörns Dien Krippken finnen,
Schaipers un auk Engels nich.
Du kreegs Strauh hier nich un Linnen,
wao'm so'n biëtken week up ligg.

Dais Du uës üm'n Stüöwken fraogen,
weesen wi Di gau de Düör.
„Söllt wi us met früëmd' Volk plaogen,
dat in use Huus gään wüör?

Wat häff dat bie uës to söken,
all dat früëmde Biäddelpack?
Af van'n Hoff!“ hör'k all een flöken,
„Süss gifft glieks no wat up't Jack!“

Kristkindken, bliew leiwer buoben!
Düt is hier nich Diene Welt.
Bis äs Christus för uës stuoben?
Glöffs, dat dat vandag' viël tellt?

Diene Wäör sint nich vergiäten,
un wi brukt se auk no viël'.
Män et kümp wull nich van Hiäten
hier düt ganze Wiehnachtsspiël!

Kaims Du, Kristkind, maol naoh unnen
so met Glans un Glorienschien,
hars Du gau Dien Krippken funnen.
könns in jedet Huus gään sien!

Aower früëmd un aohne Geld
kanns vandage hier nicks wärn! - -
Is düt uëse „Christenwelt“
unner't Lecht van'n Wiehnachtsstärn?

Wasserburg Lembeck - Burgtor

Sankt Bürokratius is mien Frönd nich

Dat düssen unwiesen Sankt Bürokratius mien Frönd nich is un auk nich wärden kann, dat weet jedereene, well mit all'n Tiedken kennt. Dat Beste wüör et, wann'm dao nicks met to doon krigg. Un no biäter wüör et, wann düsse spassige Hillige auk nich in uëse Amtsstuoben siene Jünger sitten här. Aower bes dat sowiet is, sall wull no viël Water düör uëse Biëke laupen. Ick glaiwe nich äs, dat uëse Enkelkinner dat beliäwt. Düssen Bürokratius, dat is'n Taobast, un sowat bliff lang bestaohn, leeder Guods!

An sick häb ick äs'n pensioneerten Mensken met so'n däösiget Wiärks nich mähr viël to doon, aower wat düsse Hillige mankst för'n dumm Tüüg mäck, dat gait mi faken wull neige.

Un dat hät mi auk bie düssen „Fall Bivsi" nich alleen upriägt, et hät mi dull un brastig makt. Un dao har ick met düt Wicht un iähre Föndinnen un Frönde wull metgrienen konnt, dat drüëwt alle Lüe män driese wiëten.

Wann dat in miene Tied äs Magister in miene Schoolklasse passeert wüör, dat mi Amtslüe een Wicht ut de Klass halen wullen, ick wüör kumplett unner de Diëke gaohn.

De Kinner ut düsse School in Duisburg de häbt miene gröttste Bewünnerung verdaint. Dao sall äs een' seggen, uëse jungen Lüe vandage härn kiene Maneeren mähr. Düsse in Duisburg harn de wull, aower se harn auk no mähr, nämlicks den Moot, Paol to haollen un wieder to maken, bes dat se dao wäörn, wao se henwullen. Un dat is iähr glücket, un nu is dat Wicht trüggekuomen, daohen, wao up düsse Äer de Plass is, de iähr tostaiht.

Mi sint de Träönen ut de Döppen kuomen, äs ick saog, wu se in'n Arm nuomen wäör, äs se wier dao was.

   Aower nu fraoge ick ju un mi, of dat nich jüst so guëd van vüörnharin anners har aflaupen konnt. Wat häbt düsse Enkertmieger van Sankt Bürokratius siene Jünger för't lärste bie de Sake för'n dumm Tüüg makt. Auk de Büögermester van Duisburg un siene Amtslüe häbt dao up den verkatten Amtsschiëmel siäten! De mössen nu normaolerwiese no „Schmerzensgeld" daoför an Bivsi un iähre Familige betahlen.

Un de Schoolklasse hät eenen Pries verdaint. Ick will äs afwaochten, of daoför in dat Schoolministerium wull een van de Biamten sienen Ächtern van'n Stohl hauge krigg!

Wat för'n Janhagel in de Politik

Nao den lesten grauten Krieg hier bie uës in Dütskland un drümto häb ick dacht, dat dao wull de Politik begriëpen har, wat de Friäden de Mensken brengt. Aower et giff wull to viële Lüe, de dat Liäwen van de Tied daomaols nich begriepen willt, ofschonn se alle Dage an viële Stiärn saihn küënt, wu de Mensken unner den Krieg to lieden häbt.

Un bar ut Vergnögen sint de Lüe ut Syrien un annere Länner nich nao uëse Land hen kuomen.

Aower nu mott'm sick äs Lüe ut de hauge Politik bekieken! Dat is, äs wann de kien biëtken Vernüll in'n Kopp häbt.

Daobie gaiht et mi nich alleen üm den Krieg, ofschonn et mankst so utsüht, äs of de Amerikaner, düsse unwiese Trump und de no unwiesere Kim Jong Un in Nordkorea boll den diärden Wiältkrieg togange harn.

Van dat, wat sick vandage Demokratie nömt, sint aower auk no annere Politikers wiet van af. Kiek di äs so Lüe an äs Erdogan, Orban, Kaczynski un - üm'n nich to vergiäten – düssen Putin. Wat sall'm daoto seggen? Brukt wi dao nich üöwer küern, weil et Utlänners sint, de uës nicks andoot? Dat glaiwe ick nu pattu nich! Nu fraogt mi auk forts iälke Lüe, wat wi dann wull in düsse Wiält ännern küënt. Dat et so is, dat wi dat miäste nich dran doon küënt, weet ick auk. Aower man mott auk met'n Biëtken rechttiedig anfangen.

Un dat gaiht loss met de Wahlen. Dao mott'm hengaohn un metmaken!

Wann'm dao nich metmäck, kuomt de verkatten Lüe in'n Bunnesdagg un in de Regeerung. Willt ji villicht de AfD dao sitten häbben met'n gansen Tropp, de van däösige Lüe wählt wuorn sint? Ick will't nich!

Un wann'm auk van hier ut nich viël giëgen düssen Erdogan maken kann, dann mott man siene Lüe, de bie

uës in de Naoberschopp sint, daovan üöwertügen, dat
se up'n verkatten Patt laupt.
Auk de graute Politik fäng bie uës vüör de Huusdüör an.
Un dao kanns mi nich kuomen doamet, dat du seggs:
„Friät di vull un suup di dick, män haoll de Muul van Poli-
tik!"

Piëkvüëgel

Piëkvüëgel sint schwatt,
män se küent gar nich fleigen.
Se gaoht iähren Patt,
un dao finnt se de leigen,
kleinen Näppkes met Fett,
in de jeder nu trätt.

Un sint de Näppkes auk bestguëd verstoppt,
se finnt se siëker! Is dat nich bekloppt?
Nu fröggs mi, wao'm düsse Piëkvüëgel finnt,
an wecke Stiärn de miästen wull sint?
Int Raothuus, in'n Landdagg un auk in Berlin!
Gaoh dao män gau söken, dao söllt se wull sien!

Logik

Häss du eenen Panzer,
dann bruk ick twee.
Häss du twee,
bruk ick veer!
Häss du drei,
bruk ick sess!
Häss de veer,
bruk ick acht!
Well hät dao jüst üöwer lacht?
Sie aohne Suorgen, et is mi bedacht!
Wat seggs – dat versteihs du nich mähr?
Dat is de Logik – van't Militär!

Blomen failt no an viële Stiärn

Ick sin all äs kleine Blage een Frönd van Blöömkes west,
un dat hät haollen bes vandage. Aower ick häb mi alltied
auk för Planten un Blomen intresseert, de faken eenfack
äs Untüüg beliekteknet wärdet.

Un dat is nu no leiger wuorn, wann du äs niepen in dien
Ümland kicks. Dao giff dat boll nüörns mähr bunte Wies-
ken. Dao wätt vandage Gräss saiet, wao'm viël Hai drut
maken kann. Dao finns kien Blöömken mähr up söcke
Plecken.

Un wat ick hier auk no vertellen mott, dat is düt: Up so'n
Placken Land dao wätt mansken maiet met Maimasch-
ins, de so gau laupt, dat du di dat nich vüörhiär vüörstel-
len konns.

Un wann dao dann Diers ligget up düssen Kamp, dann
wärdet de ümbracht, weil se nich mähr so gau wegglau-
pen küent. Aower wann dat nich so sien sall, mott'm
kuort vüör dat Maien eenen of no biäter twee of drei

Mit den Schneeglöckchen beginnt das Blumenjahr

Rüens dao laupen laoten, daomet de all de Diers hau-gemakt un up Draff brengt.

Ick sin vüör Jaohr un Dagg äs met mienen Jagdrüen in eene Wieske west, wao de Buer haien wull. He hät mi daomaols seggt: „Dao söllt wull nich mähr viële Diers sien, weil wi all'n Deel van düsse Wieske afmaiet häbt gistern." Aower ick häb genog funnen daomaols, wat'm no vüör'n Daud bewahren konn. Nu segg mi aower nich, wi harn de Diers redden wullt, daomet wi se in'n Hiärwst bie uëse Driewjagden scheiten küënt. Raie wärdet nich up Driewjagden schuoten. Aower nu trügge nao de Blo-men.

Ick sin äs Kind lange Tied in de Biärge van Österreich un Bayern west. Dao häb ick Blomenwiesken saihn, wu'm se sick wisse annerweggens nich vüörstellen kann. Un dao was auk Veeh, un dao wuor auk Hai makt.

Ant Klima kann't nich alleen liggen. So'n Deel villicht wull, süss wüörn de Granien bie uës an de Hüser jüst so staods äs de, wecke du in diene Vakanzen in Bayern saihn kanns. Aower et giff jau nu all iälke Buern, well lütke Placken Land bunt fiärwt häbt met Blomen un sowat.

Dat is guëd för Immen, Fluddersken, Kawels un alls, wat dao harümflügg un neidig för dat Wild. De Buern küënt et alleen auk nich mähr richten bie all dat, wat vandage met iähr Veeh up iähr ant Harinstüöten is.

Wenn der Fingerhut blüht, ist der Sommer da

73

Jedereen, de'n Plecksken Buoden hät, wao he maken kann, wat he will, kann auk wat för de Diers doon, de ick jüst no nömt häb: Laot apatt auk maol wat wassen, wat du nich saiet of puotet häss, leiwe Naober!

Un up den städtsken Grund, wao düt Gräss wäss, wat sick Rasen nömt, dao können biäter Blomen in Wiesken blaihen. Küern daovan, dat et boll kiene Immen mähr giff un viële Diers, de wi fröher daggdäglick saogen, nu nich mähr to finnen sint, dat küént de Lüe alle. Män hier gait et nich üm't Küern, hier mott wat doon wärden!

Wenn der Admiral auf den Strahlenastern sitzt, kommt bald der Herbst

So, leiwe Lüe, nu häb ick lange genog priägt, nu will ick ju no iäm vertellen, üöwer wat för'n Blöömken ick mi äs Jungmann am miästen freiet häb. Dat was so: Ick har eene Fröndin, de miene trüen Liäsers all lange kennen doot. Dat was de Marianne, een städiget Wicht ut uëse Duorp Alvskiärken daomaols. Un düt leiwe Wicht hät mi eenmaol, äs ick wier een Jaohr äöller wuor, een Päcksken makt met sööte Saken, un buoben up dat Päcksken, dao wäörn Blöömkes ut iähre Moders Gaorn, un dat wäörn Kristrausen! Un siet de Tied häb ick düsse Blomen extrao gääne hatt!

Dat städige Wicht häb ich nich äs Frau kriëgen, daoför aower een Däänken ut iähre Schoolklass. Aower de beiden sint mi all vüörutgaohn un häbt wisse bie Petrus eenen güeden Plass kriëgen. Un wann't bie mi sowiet is, mögg ick se allbieneen dao up Giënsiet wiersaihn!

Mien Mönsterland

Luowend häbt se Di besungen,
un et hät auk waohr geklungen,
wat in de aollen Leedkes staiht,
män nu sühs, wu da boll vergaiht.

Di finns nich mähr den Hiëgenpatt,
wao in de Eek' de Knappuhl satt.
De grönen Wiesken sint verschwunnen,
wao'm süss dat bunte Veeh hät funnen.

De armen Diers, bekiek't genau,
staoht blaus in'n Stall, häbt nich äs Strauh.
Unner sick ut Staohlbeton so'n Rost,
wat nich mähr so viël Arbeid kost'.

75

Daoför giff't nu in Hüll' un Fülle
taindusend Hektoliter Gülle!
De kümp up'n Kamp met viël Gestank
un mäck up Duer den Buoden krank!

In'n Mais, de dao nu wassen sall,
kümp Glyphosat un sowat all',
De Diers in'n Mais häbt graute Naut,
dao wätt up Duer kien Häsken graut.

Dao faihlt de Wiesken grön un bunt!
Wi häbt Nitrat all daip in'n Grund.
Wann dat in Wateraodern flütt,
veräöst dat Water uësen Pütt!

De „Grenzwert" wätt nu „angepasst",
un kriggs du auk met Buukpien Last,
dann ligg't nich an dat Gift ut'n Grund.
Du bis iäm nich mähr so gesund!

Mien Mönsterland wat wäörs Du schön!
Nu bis män üöwerall maisgrön.
Düt Maisgrön magg ick nich mähr saihn,
de Klör van fröher dai mi frein!

Buorgen un Schlüöter int Mönsterland

Wann du äs früëmde Lüe dräpps, de di fraogt, wao et int
Mönsterland Buorgen un Schlüöter giff, dann kanns män
driestwegg seggen: „Üöwerall!" Et giff boll kien Duorp,
wao'm nicks daovan finnt.
Aower dat, wat du söchs, ligg nich alltied dicht an de
Straoten, wao du met dien Auto spazeerenföhrs. So'n
lück söken moss apatt wull.

Schloss „Harkotten" bei Sassenberg-Füchtorf

Et giff Buorgen un Schlüöter, wao no alltied eene Kabbe-
leernfamilige in wuohnt, un dat miäst auk all lange Jaoh-
re. Aower annere sint nu'n Museum wuorn. Un eent van
de gröttsten, nämlicks Nordkiärken, is nu eene Haug-
schole, wao'm de Lüe utbellen dööt, de nao iähr Studium
wat met di to maken kriegt, wann't üm diene Stüern
gaiht. De jungen Mensken, de nömt sick „Diplom-
Finanzwirt". Dat häört sick graut an, aower glaiw män
nich, dat düsse Lüe hauge Posten kriegt in dien Finanz-
amt. De sitt' da nao iähre Utbellung äs „Finanzinspekter"
of sowat. För so'n Pöstken was fröher kien Studium nei-
dig.

77

Diese kleine Kirche steht auf dem Grundstück der
Dykburg in Münster

In mannigeent van de Schlüöter küent Lüe auk de Hüser
van binnen bekieken. Daoför giff dat Extraodage, de sick
„Dagg van de uopene Düör" nömt.

Miene Frau un ick wäörn up eenen Sunndagg up Patt,
üm nao Schlüöter un Waterbuorgen to söken, de ick met
mienen Heimaotverein äs anstüern könn. Ick häb jau bie
düssen Verein 13 Jaohre lang dat Lait hatt.
Un dao sin wi üöwer Rinkero, wao't all wat to saihn gaff,
auk an dat „Schloss Steinfurt" kuomen. Un äs wi dao ant
Laupen wäörn, üm to kieken, of'm dao nich wat neiger
harankuomen könn, dao kamm üs een Mann in de Mö-
te, un wi häbt em froggt, of'm nich'n biëtken mähr van

78

dat Bauwiärk to saihn kriegen könn. Daobie häb ick em auk vertellt, dat ick up eene so genömte Vüörtour wüör för mienen Verein.
Un daobie häbt wi grautet Glück hatt. De fröndlicke Här har eenen Schlüedel för de Paorte, wao'm düör moss, üm alls ut de Naigde to bekieken.

Im Schloss Cappenberg sind einige Wände met Fresken bemalt

Aower de äöllere Här, de in dat Müëlenhuus wuohnt hät, sagg uës auk no nao dat Bekieken van düt Schluot, wi sollen apatt auk no'n lück met em un siene Frau unnen ant Water sitten gaohn. De Frau hät uës iärst no'n Köppken Kaffee daon, un weil't een heeten Dagg was, kregen wi auk no les van iähr spendeert. Un sowat geschüht nich alle Dage. Aower'n Augenschlagg, dat har'k no bolle wat vergiäten. De fröndlicke Mensk dao bie „Haus Steinfurt" hät uës vertellt, dat he dao in dat Städtken auk in'n Vüörstand van'n Heimaotverein was.
Mansken is mi dat aower auk no glücket, naiger an so'n Schluot to kuomen, weil ick in de Tied, de lange all

79

vüörbie is, auk Schoolfrönne hatt häb, de to de mönster-
ländsken Kabbeleern telleren.

Wasserschloss Lembeck

Aower ick kann dat auk guëd verstaohn, wann so'n
Kabbeleer nich alle Dage so'n Tropp früëmde Lüe bie
sick vüör de Huusdüör häbben will.
Wat ick no vertellen mott is düt: Vüör Jaohr un Dagg
wäör ick met miene Frau Monika un iähre Äöllern an de
Surenbuorg in Riesenbiëk. Dao har daomaols een van
de Heeremans, de dao siet Jaohr un Dagg sitt', eene
Kaffeewärtschopp in un vüör dat Huus, wao vandage de
Förster van den Baron wuohnt.

Haus Langen in Telgte-Westbevern

Un äs ick mienen Koken up har, dao sin ick so'n lück tüsken de Hüser van düsse Waterbuorg langs laupen, un dao kamm mi de aolle Baron Max von Heereman in de Möte. Un he hät mi froggt, wat ick dao wull, weil dao normaolerwiese kiene Besökers harümlaupt.

Dao häb ick em mienen Naome seggt, un dao hät he mi forts froggt, of ick up de Wienburg in Mönster Verwand-schopp sitten har. Un äs ich jau seggt har, wull he mi forts met in siene Buorg halen, üm met mi'n Glässken Konjak to drinken. Aower dao is nicks drut wuorn, weil ick naoh miene Familige trügge moss.

Eckturm von Schloss Lembeck

Wasserburg Darfeld

Jugendburg Gemen

To de Buorgen in Gemen un Raesfeld mott ick no iä-
ben'n Henwies an miene Liäsers schriewen: Gemen is
nao'n lesten Krieg van dat Bistum Mönster to eene Ju-
gendburg makt wuorn. In Raesfeld hät de Handwerks-
kammer Mönster sick inrichtet för de Mesterschole un
sowat.

Wasserschloss Raesfeld

Biëke int Mönsterland

Vüör Jaohr un Dagg häb ick mi wünnert üöwer eenen Reporter van'n WDR, de dao bie Beller ut Bockelt, wao auk de Bockelter Ao to saihn was, seggt hät, dat Mönster jau auk an düsse Ao liggen soll.

De junge Mann har wisse no nich kapeert, dat et düssen Naomen Ao faken int Mönsterland giff. Un üm de Lüe klaor to maken, üm wecke Biëk et daobie gaiht, häbt de Lüe all siet Jaohr un Dagg eene togehäörige Stadt met den Naome van dat Water verbunnen.

De Naome Ao of haugdütsk Aa kümp no van de aollen Römers. De sint met iähre Lüe auk int Mönsterland up Patt wäst, üm to kieken, of dao no wat för iähr to halen wüör.

85

Blick auf die Werse bei Münster-Handorf

Daobie häbt se auk all lütke Teeknungen van de Land-
striëke makt, wao se west sind. Un wann se daobie an
eene Biëke kuomen sint, häbt se dao „aqua" up-
schriëwen, un met de Tiet sint daoto üöwergaohn, dat up
küörtere Wiese eenfack äs „Aa" to beliekteknen. Aower

daovan har düsse Mann van'n WDR wisse no nüörns wat haort.

Die Angel im Wolbecker Tiergarten

De grötteren Biëke häbt iähren eegenen Namen kriëgen, so äs de Iëmse, Wärse, Angel un Biäwer in Mönster un drümto.

De Biëke wäörn all in uraolle Tieten för de Mensken anbetands. Dao gaff et dat neidige Water för Mensk un

87

Veeh, Fiske för iähr läten, un up dat Water konnen de Lüe met'n lütket Schipp föhrn.
Un so met de Tiet gaff et auk de iärsten Watermüëlen.

De Biëke int Mönsterland häbt vüör iälke Jaohre auk no Last daomet hat, dat se so veräöst wäörn, dat dao boll kien Fisk mähr in liäwen konn.
Dat lagg deelwiese auk an de Industrie, de iähr äösiget Water in de Biëke laupen lait.
Daobie gongen auk de Fiske alle daut, un de Sportfiskers mossen daoför suorgen, dat wier Liäben int Water kamm.

In de so genömten „Steilufer" an de „Prallsieten" van lëmse un Wärse sint nu all deelwiese lesvüëgel un Öwerschwalwen to saihn. Düsse Fortgang kümp wull auk daovan, dat de aollen dauden Waterlaipe wier an de Biëke anbunnen sint.

Der Prallhang mit Steilufer für Eisvögel und Uferschwalben
an der Ems bei Telgte-Westbevern

Die Bever bei Haus Langen; hier war eine Doppelmühle

Wassermühle in Telgte (Dunkels Mühle)

Altarm der Bever bei Haus Langen / In der Beveraue stehen
uralte Eichen

De Schwienkraom met de Diesels

Een Mensk, de viël met sien Auto föhrn moss, hät sick för gewüënlick 'n Wagen met'n Dieselmotor kofft. De was wull'n lück düerer äs een so genömten Benziner, aower de Sprit was billiger un de Stüern auk. Un et wuor auk no seggt, dat de Diesel biäter för de Ümwiält sien soll. Dat hät'm lange glofft, aower nu häbt de Lüe met iähren Diesel graute Malässen. Et hät sick harutstellt, dat de Diesel de Mensken viël mähr an de Gesundhait gaiht, äs'm dat mennt hät.

Aower nu fröggs mi, waorüm de Menskhait dat nich all länger gewahr wuorn is. Un daoto lött sick vandage akraot seggen: De Automakers häbt iähre Kunnen un den Staot beluogen un - dat kanns hier driestenog utspriäken – se häbt bedruogen un beschiëten!

Un dao sint iähr utgeriäknet de Amerikaner ächterkuomen. Dat gaff'n Mordsbuhai un et hät de graute dütske Autoindus-trie, well düsse Dieselautos so verkofft hät, eenen Haupen Geld kost'. Un een van düsse Bedraigers sitt dao nu wull boll för veer Jaohr in Amerika ächter de Trallgen.

Bie söcke Lüe, de dao so bedruogen häbt, sint iähr de Piermelinge no gauer afgaohn äs Höhner, de den Voss saihn häbt.

Aower in Amerika sint de Lüe met düsse Diesels biäter dran äs hier bie uës. Un dat ligg auk an uëse Lüe in Berlin, well uës regeert. De sint met uëse Autofabrikanten alltied ümgaohn äs eene Moder met iähr Puckkind. De häbt iähr viël to viël düörgaohn laoten. Un dat sint nich alleen düsse Politikers, well dao in Berlin in den Bunnesdagg sittet, nä wat, dat wäörn vüörhiär auk alle Regeerungen siet de Tied van Adenauer.

De dütsken Dieselkunnen müët sick daomet begnögen, dat de Motor so'n lück verännert wätt bie düsse verdeu-

93

belte Elektronik, de dao üöwerall drin sitt un faken Mal-
ässen mäck.

Of dat för de Gesundhait wat brengt.? Dat häbt sick
viële, well daoför wat doon willt, auk forts froggt. Aower
dat brengt nicks, iärst recht nich för de Städtsken, de an
de Straoten liäwt, wao Dagg för Dagg Dusende van Au-
tos langsföhrt.

Aower nu fraoge ick mi un di: Wu is dat dann nu wull
met de grauten Treckers up uëse Buernhüöwe, weeß jau
wull, düsse wösten Diers, wao'm all boll met eene Led-
der drupstiegen mott. Dat sall mi auk äs wünnern!

Aower bie düsse leige Sake mott'm no wat bedenken:
Bie de dütske Industrie dao sint an de höggsten Stiärn
auk faken Lüe, de vüörhiär in'n Bunnesdagg of auk in de
Regeerung siäten häbt. Dao satt Matthias Wissmann, de
fröher Verkehrsminister west is, ganz hauge bie de Auto-
industrie, he was siet 10 Jaohre „Präsident des Verban-
des der Autoindustrie". Un direkt bie Mercedes is siet
2013 Eckart von Klaeden, de fröher int Kanzleramt west
is.

Un bie de dütske Bahn is siet eene nich to lange Tied
auk düssen Pofalla, de nich de Frönd van viële Wählers
wuorn is. Bie düssen Härn denk ick an dat aolle Sprüëk-
waort „Wat upgaiht äs'n Lecht, gaiht unner äs 'ne Traon-
lamp". Aower he sitt dao nu, un wu't utsüht, krigg he auk
viël mähr Geld äs bie siene Pöstkes in de Politik..

Dat ganse Wiärks is so, dat ick dat nich för guëd un
recht ansaihn kann, wann't auk nao uëse Gesette nich
verbuoden is.

Un wann du dat kapeert häs, dann kanns di auk nich so
harre wünnern, wu dat kuors bie düssen „Dieselgipfel"
togaohn is.

Dao is för de armen Lüe, de'n Diesel häbt, nicks bie ha-
rutkuomen. Düssen nieen Minister ut Bayern, de häöllt
mähr met de Automakers tosammen, äs met de Kunnen.
Ick weet nich, wat „korrupt" up Platt hett, weil et dat bie

94

uëse Lüe nich giff, aower mähr wi'ck leiwer nu nich seggen!

Wat doot de Lüe met de Miljonen

Dao staonn düsse Dage int Blättken, dat alleen in Mönster Jaohr för Jaohr 112 Lüe eene Miljon Euro verdaint. Dao frögg'm sick iärst äs, wao düsse Mensken sint un wat de doot. Aower dat wätt'm nich gewahr. Daonao fröggs di, wat düsse Lauhnmiljonärs met dat viële Geld makt, wat nao de Stüern üöwerbliff. Wao bliff all dat Geld. Mähr äs sattiäten küént sick düsse rieken Lüe nich, un mähr äs een graut' Kleederschapp vull Klamotten brukt se auk nich!
Een Huus söllt se wull häbben. Villicht auk no Hüskes för de Vakanzen. Dann villicht no eene graute Jacht üörnswao ant Water. Wat ick no boll vergiäten har, is dat graute Auto, daoto no eent för de Frau un mienthalwen auk no een Kabrio för dat Rümjuckeln bie Sunnenschien.
Un dann kümp no wat, dat mögg ick nich häbben, un dat is de Angst un Besuorgnis, dat et Verbriäkers giff, de iähr wiägen dat viële Geld dat Lief begaohn willt, üm iähr to bestiählen of auk no daobie ümtobrengen.
Sowat is bie dat viële Geld een armsiälig' Liäwen! Un wann'm dao dran denkt, is'm all sowiet, dat'm met düsse rieken Lüe nich äs tusken will. Dao kanns van de armen rieken Mensken küern.
Un dann fraoge ick mi, of düsse rieken Lüe wull auk äs an de denkt, de för sick un iähre Kinner nich äs dat kaupen küént, wat se pattu neidig häbt.
Wann all de viëlen Miljonärs un Miljardärs wat afgiëwen daien, wat bie iähr för gewüënlick üöwer wüör, dann wüörn nich mähr so viële arme Lüe dao, un et göngen auk nich för bar Schmacht so viële daut.

Is dat de rieken Lüe bedacht of nich? Du weeß dat nich un ick auk nich, aower et wüör schön, wann et üöwerall een biëtken biäter wüör!

Nu will ick hier kiene Sunndaggspriäge haollen. Dat staiht mi nich to.

Aower dat'm äs fraogen draff, dat is siëker!

De niemodske Sklavenhannel

Düsse Dage hät een Footballverein den annern eenen Spiëler afkofft för 222 Miljonen Euro! Met dat Geld, wat dao verquetket wätt, könn'm auk wat anners maken. Denk äs nao, wuviële Schwemmbiäder no alltied üöwerall dicht maken müët, weil kien Geld daoför dao is. Un dat hät auk wat met uësen Sport to doon, wao so viël üöwer küert un schriëwen wätt. Un dao gaiht et auk no üm de Gesundhait un üm Liäwen un Daud. Moss blaus äs üöwerleggen, wuviële Mensken Jaohr för Jaohr ümkuomt int Water.

Aower wao gaiht all dat viële Geld hen, wat för Sport dao sien sall of auk all dao is?

Weeß wull, wat mi daobie infaöllt? Wi sint met uëse Kultur no nich wiederkuomen äs de aollen Römers vüör tweedusend Jaohre.

Dat met düt Kaupen un verkaupen van de Spiëlers bie'n Football un süss wao, is nao miene Mainung nicks anners äs een niemodsken Sklavenhannel. Bie uës wätt met beste Sportslüe hannelt äs in Rom dat Wiärks met de Gladiatoren. Uëse Spië-lers vandage müët in de Arena nich stiärwen, aower süss sin wi nich wieder äs daomaols vüör 2000 Jaohre.

Dao luow ick mi apatt wull uësen Football van fröher, wao de aolle Opa Piepenbrink nao dat Spiël vertellt hät:

„De Footballers van de annere Siete wäörn villicht däö-
sige Kärlkes. De häbt uësen Torwart nich eenmaol druo-
pen!"

Football

Kiek ick mi'n dütsken Football an,
weet'k nich, wat'm daoto seggen kann.
Wann'k Spiëlernamens liäsen will,
bliff bie mi gau dat Muulwiärk still.

Wull ick de Naomen maol utspriäken,
dai'k mi de Tunge daobie briäken.
Bie „Prüüßen Mönster" fäng't all an,
dat man de mankst nich liäsen kann.

Je högger dann de „Liga" is,
wätt't alltiet leiger ganz gewiss,
weil Spiëlers ut de ganze Welt
verdaint bie us hier nu iähr Geld.

Wann de män „Asylanten" wüörn,
kreegs iähre Naomens nich to häörn.
Män, well met'n Football ümgaohn kann,
is forts in Dütskland biëter dran.

De „Bundestrainer" mott all flöken,
will he sick siene Spiëlers söken.
Miästtiets hät hier dat gröttste „Ass"
bie us no kienen dütsken Pass.

Bie'n „grauten Football" gaiht't ümt Geld.
Dat is et, wat letztendlicks tellt,

waobie dat, wat'm dao bekick,
wull all up Menskenhannel glick.

„Gladiatoren" de't maol gaff,
de häöllt'm hier nu wier in Draff.
Un wätt auk kieneeen daut mähr stuoken,
bräck man em daoför mankst de Knuoken.

Bie „graute Clubs" sühs wiet un siet:
Den aollen Football sin wi quiet.
Üm „Breitensport" hät't fröher gaohn.
Män daomet is't nu wull gedaohn!

Un daorüm segge ick nu wier,
wat fröher west is, kümp nich wier.
Du moss di daomet nu affinnen,
Kohstiärte kanns an'n Piärd nich binnen!

Ein aufmerksamer Wächter: Erdmännchen im
Zoo von Münster

Die Bockwindmühle im münsterschen Mühlenhof-Museum

Wat is Kunst un wat nich?

Dat leste Jaohr häbt wi in Mönster wier een „Skulpturen-jaohr" hatt, wat et män alle tain Jaohre eenmaol giff.
Wu dat alle daobie so togaiht is mankst plaseerlick un mansken auk wull nich.
Of dat nu de Lüe gefäöllt of nich, wat'm dao to saihn krigg, dat is mi an sick eendoon. Aower wat mi pattu nich gefäöllt, dat kann ick nich faken genog seggen. Dat is dat barbarske Doon van wat Schlaifs, de togaoht un makt wat van düsse Skulpturen an'n Grund. Dat draff nich sien, un dat hät met een Urdeel üöwer düsse Kunst pattu nicks to doon!
Dat is jüst so leige, äs wann nu een up'n Kiärkhoff gaiht un schmitt dao de Denkmäöler an de Griäwer üm, aower auk sowat giff dat leeder Guods af un an.
Aower nu will ick iärst äs bie düsse mönsterske Kunst bliewen. Dao gaff't dat leste Jaohr so allerlei, aower ee-ne Sake hät dütmaol de Vuëgel afschuoten. Un dat konns in Mönsters Kanaolhafen bekieken un beliäwen. Dao konnen de Mensken üöwer't Water laupen. So saog dat apatt män ut. Se göngen nich üöwert Water, weil de Kanaol is jau auk nich de See Genezareth, un bie de Lüe is auk kieneen, de üöwer dat Water gaohn kann. Aower et saog so ut! Un dat, seggt de gelährten Lüe , hät wat met Kunst to doon. Dao is nao mien Meinen nicks anners äs een Brüggenpatt, de'm nich so recht saihn kann, weil he so drei of veer Handbreet unnert Water is.
Dao laipen alle Dage de Kunstbesökers her un hiär un häbt iähr Plaseer daobie hatt.
Bie düsse Dage wäörn dao auk drei äöllere Fraulüe ut dat Tibusstift met iähre Rollators up'n Patt. Dat konns di int Blättken bekieken. Aower wat seggt mannige Lüe alltied no: De küënt di viël wiesen un wiesmaken in dien Dageblättken, aower et bliewt faken Fraogen üöwer, up

101

de di kien Mensk antert. So is dat auk met düsse drei Rollatordamens west. Dao staonn nämlicks nich debie, we iähr holpen hät, dat se met iähr Helpsmiddel üöwer de Trappen an beide Sieten up den Waterpatt un wier harunner kuomen sint. Aower dat magg jau villicht auk eendoon sien. Up alle Fälle häbt de Mönstersken un Dusende van Besökers dat leste Jaohr dat miäste Plaseer met düsse „Skulptur" van Ayse Erkmen hatt.

Of dat nu Kunst is? We sall dat up Duer so beliekteknen?

Aower nu sin wi jüst in'n Kanaolhafen van Mönster, un dao is no wat, wat ick vertellen mott. In düt Veerdel van Mönster is in de lesten Jaohre viël afriëten, ümbaut un nie bauet wuorn. Un dao har in eent van de niemodsken Bauwiärke auk unnen een Kaisemaker eenen Laden kriëgen. Un dao hät sick düsse Firma een' Sprayer socht, well dao up dat Huus schöne Beller makt hät. De dat dao daohn hät, dat was nich alleen een mönstersken Jungen, dat was auk'n Handüörpsken, un in siene Familige kenn ick iälke Lüe of häb se auk kannt, sowiet se nu nich mähr unner uës sien küënt.

Aower nu kümp dat „Kunstmallör", un to verdanken häbt wi dat mönsterske Baumesters, de uës viël griesen Beton in de Stadt puotet häbt. Un jüst düt Janhagel hät daoför suorgt, dat de Beller nu nich mähr to saihn sint. Se sint nu witt of gries üöwermaolt wuorn. Un wat is auk no passeert? Ick will't ju gau vertellen: Äs de echte Kunst nich mähr dao west is, sint forts äösige wilde Sprayers kuomen un häbt de Butenwand veräöst.

Dat is bie düsse Sake no to vertellen west, aower nu an'n End kann'k ju auk no wat üöwer Kunst vertellen: Een Mensk har siene Siäle den Deubel veriärwt för'n Haupen Geld. Un nu kamm düsse Sake so torecht: De Deubel har seggt, wann de Mensk em wat an Kunst seggen konn, dat he – de Deubel - nich söffs maken könn, droff he siene Siäle behaollen. Äs dao-to de Deubel nu dao was, lait de Mann derbe eenen strieken un sagg: „Nu will ick diene Kunst äs saihn. Laup ächter mienen Pup hiär, fang'n di, striek'n giäl an un breng'n naoh hierhen!" Daomet konn de Mann siene Siäle redden un de Deubel trock bedröwt af.

Die Werse am Bodendenkmal „Haskenau" in Münster-Handorf

Wat'm no iäten kann, schmitt'm nich wegg

Twee Saken kanns faken int Blättken liäsen of daoto Beller in dien Flimmerkästken bekieken, de wat metnanner to doon häbt, ofschonn man't villicht nich forts miärken dööt. Daobie gaiht dat üm uëse läten, wat wi häbt un wat wi, wu't schint, mankst to weinig of to viël häbt up uësen lütken Krüëmel in dat graute Wiältall.

Un up düsse Äerkuëgel stiärwt alle Dage viële Dusende an Mensken, de nich satt to iäten häbt.

Un up de annere Siete süht un häört'm, wuviël läten bie us alle Dage verkümp of weggschmiëten wätt. Aower wi küënt dat, wat hier in'n Affall kümp, nich nao de Mensken brengen, well Schmacht lieden müët.

Aower dat Weggschmieten fäng bie'n Inkaup all an. Dao wätt mankst mähr kofft äs neidig is. Un nao'n Tiedken wätt int Köhlschapp kiëken, un dao staiht dann auk all wier wat, dat „aflaupen" is. De Tied, wao'm dat iäten sall, de is all vüörbie. Aower dat hett no lange nich, dat et nich mähr guëd is.

Vüör nu all längere Tied häbt se de so genömten Taofeln erfunnen, un dat is dat beste west, wat kuomen konn. Dao wärdet de Liäbensmiddel, de no guëd sind, de'm aower in'n Laden nich mähr verkaupen kann, insammelt un verdeelt an Lüe, de nich äs so viël häbt, dat se de Familige satt kriegt.

Dat is eene düftig guëde Sake. Un de lött mi an mienen Opa trüggedenken. Wann bie em in de Familige meddaggs no wat üöwer wäör, dann sagg he för gewüënlick: „Wann nu no'n arm' Menskenkind kaim un Schmacht har, könn he auk bie uës no wat to iäten kriegen!"

Un dat hät he in de leige Tied nao den lesten Krieg seggt. Un dao kreegen viële Mensken nich genog to iäten.
Wi Blagen mössen alltied uësen Teller lierig maken, un dat häbt wi auk daohn. Wi häbt mansken no mähr makt, wi häbt'n met uëse Tunge afleckt. Un daonao häbt wi auk no seggt: „Moder, düssen Teller moss du nich mähr spölen, de is all klaor för't Schapp!"

Haus des Müllers bei Haus Langen (Der kleine Veranda-
Anbau an dieser Seite ist jüngeren Datums)

Das Haus des Müllers bei Haus Langen - Rückseite (Telgte-Westbevern)

Waoto mott'n Auto 585 PS häbben?

Ick föhr uëse Auto all längere Tied nich mäh⁻ söffs. Dat ligg wull auk'n biëtken an mien Aoller, aower no mähr ligg et an de Gesundhait, de ick nich mähr häb. Wann mi een Mensk beste Gesundhait wünsken will, dann segg ick alltied: „Ick mott tosaihn, dat ick dat nich auk no verlaise, wat van miene Gesundhait no üöwerbliëwen is!"

Un dat Auto föhrn gaiht nich mähr, weil ick mienen Hals nich mähr genog draihen kann, üm to kieken, of dao een Auto of süss wat is, de ick iärst vüörbielaoten mott. Up dat Dokterslatien hett dat „Torticollis" un mäck auk Piene. Un well sowat hät, de draff kien Auto mähr föhrn, basta!

Aower saoterdaggs kiek ick mi no alltied an, wat int Blättken unner „KfzMarkt" an niemodske Autos to finnen is. Dat is mankst auk no wat för de aollen Lüe, de sick no för de Technik intresseert.

Aower äs ick dao düsse Dage in Blättken keek, dao staonn dao wat üöwer een Auto met 585 PS. Un wann du, leiwe Technikfrönd, nu glöffs, dat dat een so genömten Boliden was, so'n Rennwagen för uësen Nürburg- of Hockenheimring wüör, dann häs di ratz verdaohn.

Düt unwiese Auto is een A8 van Audi! Utgeriäknet de Automaker, de bie den Schwienkraom met de Diesels düftig metmisket häbt. Un dao willt de haugen Härns van de Laigebüels no metküern wann't üm sowat gaiht äs „Umweltschutz", „Klimawandel" un de togehäörige „Erderwärmung".

„Fortschritt" magg mansken neidig sien, aower wat in de Autoindustrie löpp, dao kanns mankst män blaus no seggen: „Wat sall so viël Aperie? Suorgt leiwer för mähr Siëkerhait up uëse Straoten!"

Ick will nu nich seggen, dat fröher alls biäter was äs vandage, aower et wätt nu auk wahne viël üöwerdriëwen bie de Technik. Un wi sint dao auk söffs bie west, dat alls so laip. Wi wullen alltied mähr un biätere Saken häbben.

Wat was dat'n Upstand in de Naoberschopp, wann sick nao'n lesten Krieg een Mann een nieet Auto kofft hät, van Fraulüe gans to schwiegen, de harn bie de Autofraogen gar nich äs dat Metküern!

In dat Jaohr 1949, wat een Jaohr nao de graute „Wäh-rungsreform" was, dao har een Volkswagen 25 PS, een Opel Olympia 37 PS, een Ford Taunus 34 PS, een Borgward Hansa 48 PS, een Mercedes 170 38 PS, de Opel Kapitän 55 PS un de Mercedes 170 S har 52 PS.
Un met düsse Autos sin wi in Dütskland to dat so ge-nömte „Wirtschaftswunder" kuomen.
Ick will, wu geseggt, nich wat van de „guëde aolle Tied" vertellen, aower mansken iärgere ick mi auk üöwer Mallörs up uëse Straoten un up de Autobahn. Un ick kann wull in Brast kuomen, wann et dao wier hett: „Ein Fahrzeug raste ungebremst in ein Stauende!"

Dao fraoge ick mi, of sowat vandage no sien draff. Wao bliff dao de Technik und wao bliff uësen „Mautmi-nister" Dobrindt? Et droff vandage kien Lastwagen up Straoten un de Autobahn sien, de kiene Afstandssiëke-rung hät, un eene, de'm nich af-stellen kann!
Dao söllt se mähr dran doon! Autos met 585 PS sint nich neidig, un de häbt in uëse Tied met düssen gefäöhrli-cken Klimawannel nicks verluorn!

109

Auch Hinweistafeln werden von üblen Sprayern nicht verschont

Vandage häbt se alle iähr Telefon bie sick

Vandage häbt se alle iähr eegenet Telefon, un de Lüe küënt üöwerall met annere Mensken in de wiete Wiält küern.

Un düt Telefon hett vandage „Smartphone", un dao kann'm nich alleen met telefoneeren. Dao kanns auk Breefkes met schriewen, bie de Söökmaschine „Google" wat söken, un dienen Wegg kanns auk daomet finnen.

Un dann sitt in so'n lütket Kästken auk no'n Foto-apparaot drin, un dao kanns nich alleen Beller met maken, dao kanns auk'n kleinen Film met draihen. Dat sint de reinsten Wunnerdinge, aower gefäörlick sint se auk.

Et giff nu Lüe genog, de met düsse Smartphones midden up de Straote ant söken un kieken sint, un dao miärkt se mankst nich mähr, wu dat üm iähr so togaiht!

Un wann du in den städtsken Omnibus of in de Bahn sitts, dann sint se dao auk antogg, un du kanns mankst boll denken, dat de Lüe nich gans wies sint bie iähr Gequater.

Un auk de Schoolkinner häbt all so'n Küerkästken, daomet de met iähre Äöllern „altiet in Kontakt bliewen küënt" seggt unwiese Lüe.

Giäle Telefonhüskes an de Straoten gaff et fröher, un de sühs nu nich mähr so faken of auk gar nich mähr.

Un et is nich to lange hiär, dao häbt wi, miene Frau un ick, stunnenlang nao so'n giälet Hüsken socht.

Dat was 1991 nao de Wenne in de fröhere DDR, of akraot in Mecklenburg-Vorpommern, un dao in de Naigde van düssen grauten Müritzsee.

Dao harn wi een Vakanshüsken hüert midden in so'n Tropp van söcke lütken Bauwiärke. Dao gaff dat een Wärtshuus un alle sowat, aower kien giälet Hüsken, wao'n Telefon drin was, wat auk funktioneert hät. Nu staonnen wi dao un keeken brastig in de Giëgend harüm, weil wi neidig in Mönster anropen mössen. Dao sint wi met't Auto lossföhrt, üm een Telefon to söken. Un dao stonnen auk af un an so giäle Hüskes van de Telekom, de wäörn gans nie, aower de harn no kien Binnenliäwen. Telefoneeren konns dao no nich! Nao so'n henniget Stündken häbt wi socht, un dao häbt wi dann in Mirow dicht bie dat Schluot van düt Städtken een giälet Hüsken funnen, wao auk alls drin praot wäör.

Un wao ick jüst ant trüggedenken sin, gaoh ick nu no wieder to dat, wat fröher was. Dao moss ick bie uës in Alvskiärken bes nao den naichsten grauten Buernhoff laupen, wann ick telefoneeren wull.
Dat was eenmaol gans gau neidig, äs een Mallör up de Land-straote in uëse Naoberschopp wäör: Een Mann un eene Frau sint dao met'n graut Motorrad mallört. Dao konn ick auk to de Tied no nich bie de Füerwiär anropen, dat de met'n Krankenwagen kuomen mössen. Dat was no nich müëglick. Dao häb ick bie den eenzigsten Dokter wiet un siet anropen.
Daoto moss ick no üöwer't Telefonamt alls düörstellen laoten.
Un düsse Dokter is nu gau met'n aolt Auto ut lärswinkel kuomen. Aower he konn de beiden Mensken auk nich mähr redden. De sint dao no daudgaohn!

Daomaols was ick sotoseggen de „Reporter" för uëse Blätt-ken. Wann ick de tostännigen Lüe in de Redaktion in Mönster anropen moss, gong dat met'n „R-Anroop". Dat Anbimmeln gong dann up de Kosten van dat Blättken. Un ick häb miene Nieigkait düör't Telefon dikteert. Un dann mott ick no wat debieschriewen. Düsse Dage häb ick een junget Menskenkind van so üm de 20 no vertellt, wat daomaols in Telefonhüskes staonn, dat was apatt: „Fasse dich kurz! Nimm Rücksicht auf Wartende!" Dao hät mi dat junge Wicht gans unglaiwig ankiëken.

Dat junge Volk van düsse Tied kann dat Smartphone auk för de so genömten „sozialen Medien" bruken. Dat is wat, wao'm in Amerika viël Geld met verdeint, weil'm dao Reklame inpuoten kann.
Aower dat kanns auk bruken, üm üöwer dienen Naober wat to schriewen, wann du Malessen met em häs, un dat kann de ganse Wiält metliäsen.
Dao kanns alltied auk drin leigen un bedreigen, dao kann sich'n eenspänniget Mannsmensk auk een Wiefken söken, un dao giff he sick villicht äs Professor ut, ofschonn he män an de Haugschole den Huusmester is.

Düt Wiärks wätt auk brukt, üm Politikers allerhand an Leigheiten antodichten, de nich äs waohr sint.
Dat is uëse „digitale Welt"! Füör mannigeenen Mensken magg dat jau guëd sein, aower et göng van mi uut auk wull aohne düt Wiärks met düsse nieen Medien. Wann de Mensken de düt digitale Wiärks brukt, weinigstens mähr bie de Waohrheit bleewen, dann göng dat jau wull no.
Aower sin auk daoför, dat de Kärls in Amerika bie uës Stüern daoför betahlt, wat se hier an Geld verdeint.

Romanische Basilika in Warendorf-Freckenhorst

Will Schäuble Mönster arm maken

In Mönster häbt viële Jaohre lang engelske Suldaoten iähre Kasernen und Wuohnhüser hatt. Aower nu sint se all'n Tiedken wegg, un nu gaiht dat Triaoter üm de Bauwiärke loss, de de Bunnesrepublk tohäört un de nu verkofft wärden söllt.

Nu häbt sick de mönstersken Lüe int Raothuus dacht, dat se wull an de iärste Stiär stönnen, wann't üm't Kaupen göng, weil in Mönster Wuohnungen, de'n gewüënli-

114

cket Menskenkind auk betahlen kann, gans dull un üö-werall faihlt.

Nu tüht sick düsse Weherie üm de Kasernen un Hüser un den Grund, de dao drümto is, all jaohrelang hen.

De Stadt Mönster hät et dao met'n Makler to doon, de för den Finanzminister Schäuble gans viël Geld maken mott, wu he söffs segg. Mi düch dat aower hier, dat düssen Makler siene Provision haugedriewen will.

De Priese för Baugrund sint in de leste Tied stiëgen äs 'ne Rakete. Un nu will düt Maklerjanhagel, wat för Schäuble ant malochen is, för dat ganze Wiärks, wao et nu drüm gaiht, jüst so viël Geld häbben äs för nieen Baugrund.

Mi düch all, dat düssen Schäuble in Berlin uëse Stadt Mönster arm maken will.

Nu wätt düt Jaohr de Bunnesdagg wier waihlt, un daorüm was jüst auk uëse Bunneskanslerin in Mönster, üm de Lüe to üöwertügen dat se iähre Stemmen de CDU giëwen söllt.

Un daobie hät Angela Merkel nu seggt, se wull wiägen düsse „Konversion", wu dat bie haugdütske un latienske Häerschopp hett, äs met düssen kniepigen Wolfgang Schäuble küern. Dat is een Kärl ut Schwaoben, un düsse Lüe dat sint sotoseggen de „Schotten van Dütskland". De gaoht up't Geld sitten, un wann de iährn Ächtern haugeböern söllt, dann moss iähr dat drei Maol seggen. Aower et kann sien, dat et daomet no nich genog is. Of dat kristlick is un to düsse CDU päss, dat mott mi iärst äs een klooken Mann verkläörn. Bes vandage glaiw ick dat no nich! Aower ick weet, dat düsse Kraom ant Enne kuomen is, wann ji, leiwe Liäsers, düt Book liäst.

Aower daoto söllt ji no gewahr wärden, at Mönster viël to viël betahlem mott.

Tüskentieds sin ick dat aower all wuorn, dat se Mönster üöwer'n Disk trocken häbt.

De Baas vant Raothuus un düssen Makler van Schäuble häbt et nu iärst in de Riege bracht. Aower de Weherie hät rund sess Jaohre duert, un in de Tied sint de Priese Jaohr üm Jaohr högger wuorn! Un dat mott Mönster nu betahlen, ofschonn se up düt Bauland sogenömte „Sozialwuohnungen" bauen wull.

Aower düssen Schäuble ut dat kniepige Schwaobenland krigg jau den Hals nich vull, süss wüör he gau in Rente gaohn, äs et för em höggste Tied wuor. Aower he moss jau int Parlament no de Präsident sien, und dat met 75. Dao har et genog jüngere Lüe giëwen, de dat maken konnen.
Dat süht jau all bolle so uut, äs wann em siene Familige nich den gansen Dagg an Huse häbben wull.

Romanischer Kreuzgang in Freckenhorst

Rentners gaoht nao Bulgarien

Düsse Dage häb ick in dat Flimmerkästken eenen Be-
richt saihn, de mi düftig wünnert hät. Dao häbt se aolle
Lüe in Bulgarien besocht, well dao hentrocken sint, weil

se bie uës in Dütskland met iähre lütke Rente nich li-
äwen konnen.
Dao satten düsse Mensken in billige Hüskes of in Wuoh-
nungen, dao kregen se iähre lätenssaken un süss wat
alle viël billiger äs hier, aower se küënt met de Mensken
ut Bulgarien nich küern, weil se söffs de Spraoke van düt
Land nich spriäken küënt.
Dat Städtken, wat se de Tokiekers dao wiest häbt, lagg
dicht an de Schwatte See, un dat saog dao summer-
daggs gans guëd ut, un wat Mensken häbt sick dao föhlt
äs in de Vakansen.

Aower dao konns auk saihn dat et dao met de Versu-
orgung van kranke Lüe nich guëd was, un in de Kran-
kenhüser müët dao de Patienten iähre eegene Bedde-
wäöske metbrengen.
Un de weinigen Dokters, de dao no sint, häbt auk nich
alls, wat et hier för gewüënlick in eene Klinik giff.
Viële van de bulgarsken Mediziners sint utwannert nao
de westlicken Länner van Europa.
In'n Winter ligg dao viël Schnei un et is bitterkaolt. Dao
kriegt se de Wuohnungen faken nich warm genog un
müët fraisen.

Nu fraoge ick mi aower, wat de Mensken in Europa
wull denkt, wann se sowat gewahr wärdet. Wat haollt se
van een Dütskland, dat to de rieksten Länner in uëse
Wiält tellt, un dat kann nich äs siene aollen Lüe een ee-
nigermaoten normaolet Liäwen günnen? Willt de hau-
gen Damen un Häerns int Parlament in Berlin de aollen
Mensken ut iähr Heimaotland driewen? Hät de dütske
Staot nich genog Geld för de armen Lüe, wao up de an-
nere Siete so viël Geld verquettket wätt? Of will Dütsk-
land met de dütsken Lüe de bulgarsken Mensken wie-
sen, dat et sick nich lauhnt, nao Dütskland to kuomen?
Fraogen üöwer Fraogen, aower ick glaiwe nich, dat dato

118

ut Berlin wat antert wätt, wat de Tostänne biäter mäck!
Wi willt äs afwaochten, wat dao wull up uës tokümp.
Sall dat so togaohn äs bie de grauten Wannerungen in
de fröhe germanske Tied, üower de se uës is de Schoo-
le wat biebracht häbt?

Gaoht nu de jungen Lüe van Afrika nao de Midde van
Europa un de aollen Mensken treckt af nao den Außen
daovan?
Wat is di dat apatt een armsiälig Beld van uëse Heimaot-
land!
Gifft no wull Politikers de dat met uëse armen Rentners
wier in de Riege brengt?
Äs so viël in uëse Wiält, sall mi auk dat äs wünnern!

Up de EU küent wi uës auk nich mähr verlaoten. Siet de
Tied, wao de Rechten wier dat Seggen häbt äs in Polen,
de Tschechei, de Slowakei, Ungarn un siet kuorte Tied
auk in Italjen gaiht dat met de Helpe füör Lüe ut Länner
met Krieg un Schmacht nich mähr vüöran.
Düt Europa is nich dat wuorn, van dat wi äs Studenten
draimt häbt!

Freckenhorst: Barock und Romanik dicht beieinander

Dat Unwiessien fäng buoben an

Wann een Mensk segg: „Dat Unwiessien fäng buoben an" so denkt he daobie wull miäst, dat düt Unwiese bie de Lüe in'n Kopp anfäng. Aower met düt „buoben" küënt auk de Stiärn mennt sien, wao de Baas sitt. Un in mien Vertellsel is düt buoben in uëse Raothuus in Mönster. Dao sitt de mönsterske „Elite", of auk wull de Lüe, de sick daoför haollt. Ick will dao kieneen van düsse flieti-

120

gen Schriewdiskmesters wat int Näppken stoppen, wat em brastig maken kann. Aower up de annere Siete van düsse Saken, dao mott ick apatt seggen, dat et neidig wüör, dat düt all uraolle Book van Josef Bergentahl „Münster steckt voller Merkwürdigkeiten" nu no eenmaol eenen Band kriegen moss, de uëse Tied äs unnersöch.

Niee „Merkwürdigkeiten" giff't auk vandage no mähr äs genog!

Ick will äs met uësen Bahnhoff anfangen. Düt düere Bauwiärk is nu jüst inwiehet, un daoför is auk de mönsterske Bischop ut sien Palais kuomen, üm düt Inwiehen söffs to doon.

Un alle Lüe, de daobie west sint, häbt sick düftig freit, dat düsse Bahnhoff nu endlicks färrig wuorn is.

Aower nu häbt de mönstersken Büörgers wanners kapeert, dat et dao an den nieen Bahnhoff auk wier eene „Merkwürdigkeit" giff. Man könn auk van'n Mallör of in Haugdütsk van eene „peinliche Panne" spriäken. Dao kann kien Auto vüör de Paoten anhaollen, üm Lüe utstiegen to laoten, de nu van Mönster ut met de Bahn föhrn willt. Dat gaiht blaus no met eene Taxe. Un afhalen, dat verstaiht sick van söffs, kanns dao auk kien Menskenkind, wat diene Helpe neidig hät.

Wann ick nu met mienen Rollator daohen wull un miene Dochter wull mi daohen met'n „Privatauto" brengen, dann wüör dat nich äs müëglick. De haugen Schriewdiskmesters häbt nich dran dacht, dat nich jedereene met eene Taxe vüör den Bahnhoff föhrn kann of will.

Häbt se dat villicht so makt, daomet de Taxen mähr to doon kriegt un so auk mähr Geld verdainen küënt? Dat will ick nich huopen.

De haugen Mesters van uëse Stadt häbt vergiäten, dat et auk Lüe giff, de nich alleen nao'n Bahnhoff kuomen küënt. Nu, wao et to laat is, häbt de Büörgers iähr seggt, wat dat dao nu för'n dumm Tüüg is, wat so nich bliewen kann.

Aower daomet is mien Vertellsel üöwer dat Unwiessien no nich an'n End. Et giff no mähr daovan. Aower in mien naichstet Biespiël üöwer de Merkwürdigkeiten, gaiht et üm de Kinnergäörns.

Düsse „Kitas", wu dat vandage hett, de hät Mönster nich genog, aower in de Midde van Mönster hät de Stadt auk kienen Bauplass mähr för sowat.

Un daorüm häbt iälke Biamte van de Stadt üöwerleggt, of'm düsse Kitas nich buoben up een Parkhuus för de Autos puoten könn. Dat mott'm sick äs vüörstellen, de Kinnergäörns buoben up so'n Dack.

Wu dat dao dann muorns togöng, dat Beld kann ick all saihn. Dann kuomt de Äöllern van de Kinner an un schwuppkedi is dat Parkhuus vull met Autos, de män kuort anhaollen willt. För annere Autos is dao dann kien Plass mähr frie. Üm dat to saihn, brücks nich äs een Spökenkieker sien. Aower dat se van düt Unwiessien wier weggkuomen sint, düsse klooken Lüe, dat hät män blaus wat met dat Dack van düsse Hüser to maken. De sint nich dick un stiëwig genog, üm dao no mähr Bauwiärke drup to setten. Dat häbt se so antert, äs de Fraoge nao mähr Kitas anstaonn, süss harn Äöllern iähre lütken Kinner un iähr Auto dao ächter sick laoten küёnen. Un daomet wüörn muorns in de Stadtmidde no mähr Malässen met vulle Straoten west. Un wu lange so eene arme Moder dao fastsiäten har, wann se dat Kind dao nao düssen Dackkinnergaorn henbrengen wull, dat kann'm sick auk wull vüörstellen. Dat „Verkehrschaos" wüör no grötter äs vandage all!

Eines der so genannten Kavaliershäuschen vor dem
münsterschen Schloss. Das Barockgebäude ist heute
Sitz des ASTA der Universität

Bie't Trüggekieken:

Briäder vüörn Kopp

Af un an sühs du wat, un akraot to de Tied föllt di wat in, wiägendem dat du nu wier met dat Trüggekieken antogg-kümps. Dat gait af un an van söws, un du kann dao nich viël an ännern. Dao stonn in de leste Tied faken wat int Blättken üöwer düt wilde Wiärks met de so genömten Achtunsesstiger vüör 50 Jaohre. Un to de Tied wäörn de mönstersken Studenten auk af un an düftig ant rebelleeren.

Und eenmaol, dat häb ick nich vergiäten, dao wäörn auk wier so iälke Hunnert van düt junge Volk, dat hett van düsse tokünftigen Akademikers in uëse Stadt up Patt, äs ick dao jüst wat to beschicken har. Un dao laip eene Schwecht van düt akademske Jungvolk üöwer uësen Prinzipalmarkt, un de Jungs harn alle so lütke Holtbriäder vüörn Kopp, un up iähre so genömten Transparente dao staonn „Schüler und Studenten aus Bayern".
Ick weet nich mähr so akraot, wat dat för'n Sinn har un wat de Studenten daomaols de Lüe daomet seggen wullen.
Aower wann ick nu 50 Jaohre läter wecke ut de CSU saihn un häörn mott, dann föllt mi dat wier in. Un wann'k ju ährlick wat seggen sall, dann is düt dat: För mannigeen ut düsse bayeriske CSU kregen düsse Briäder vandage auk wier eenen Sinn!
De drei büöwersten Bayern in Berlin, nämlick Seehofer, Dobrindt un Scheuer mössen nu endlicks trüggetriäden wiägen dat Thriaoter met düsse Maut. Dat Gericht in Luxemburg hät iähr seggt, wat daovan to haollen is.

Aower düsse Schalaier Scheuer hät all Vertriäge makt, de nu den Staot no viël Geld kosten dööt, aower dat Bayernjanhagel hät nu all iälke Miljonen an Stüergelder in'n Sand puotet! För söcke Lüe wüör an sick in een Lanneskrankenhuus de rechte Unnerkunft!

Dat Aoller van uësen Naome

Ganz wiet trüggekieken möss ick wull un kreeg no alltied nicks to saihn, wann ick trüggekieken könn bes naoh de Tied van uësen berömden Kaiser Barbarossa un sienen Vedder Heinrich der Löwe. Wat dat sall, frögg mi nu mannigeen, un he hät Recht daomet, weil de Ursake van düt Trüggekieken in Riesenbiëk in de Buerschopp Birgte ligg.
Dao häbt miene Vüörvüöräöllern liäwt, un dat häb ick auk all lange wiëten, weil mi mien Bessvader dat all vertellt hät, äs ick no so'n Dastert van twiälf of diärtaihn Jaohre west sin.

Dao gaff et dat Buerniärwe Harhues all lange, aower wu lange dat wüör, konn so gau kien Mensk wiëten. Aower dao in den Heimatverein hät'n düftigen Mann harutkriëgen, dat et to de Tied van Barbarossa all eenen Hoff gaff met den Namen Harhues. De stonn daomaols int Middelaoller unner de „Güter", de Afgawen an een Klauster betahlen mossen.

Un dat is an sick kien Mallör aower auk kien Wunner. Een Harhues is'n Hues up eene Högde met'n Busk drümto. Düt Har kümp faken vüör bie uës int Mönsterland un auk in annere Deele van Dütskland, Dao giff dat an verscheidene Stiärn Büske, de up'n Biärg, up'n Hucht of up'n Knapp liggt, moss äs in'n Atlas kieken, dao finns de Haardt, den Haarstrang, dat Rothaargebirge, den Harz und no viël mähr, wat'm alle daobieriäknen draff.

Vandage giff dat in Birgte kienen Buernhoff Harhues mähr, aower dao is no'n Hoff, wao bie den Namen auch no gnt. Harhues staiht. Un dat gnt. bedütt „genannt". Dao kann'm nu saihn, dat auk dao de Name no nich utstuorwen is.

Un dat weet ick nu alls, weil et dao in Riesenbiëk so klooke un flietige Lüe in'n Heimatverein giff.

Verspruoken – aower nicks daohn

Jans Möllenbiëk hät mi düsse Dage auk no seggt, wao dicht bie Handuorp no eene Stiär för't Trüggekieken is. Un an de Stiär häs du mankst viël Tied för dat Trüggedenken, wann du in een Auto sitts. An düsse Stiär driäpt sick eene Straote un dat breede Wiärks van de Iesenbahn. Un düsse Bahnlinje gaiht van't Rhienland un düör den Kuohlenpott naoh Ossenbrügge, Bremen un Hamburg. Un ick segge di wat, hät Jans mi no seggt, dao is alle Dage viël loss up'n Wegg. Un wann de Iesenbahn dao iähre Hecks tomaken müëtet, kanns mankst lange waochten, bes du dao wiederföhrn kanns.

Un in de Tied, hät mi Jans auk no seggt, kümps du wier an dat Trüggedenken of auk Trüggekieken up dat, wat se di vüör all bolle 50 Jaohre verspruoken häbt. So wiet moss du trüggekieken, dann kanns de Quaterköppe van daomaols vüör di saihn, de iähr Muulwiärk to wiet lossriëten häbt. Se häbt de Lüe aower alle män verdummdeubelt to de Tied, äs se verspruoken häbt, dat an düsse Stiär eene Brügge henkaim, daomet dat lange Waochten to Enne is.

Un ick denk mi nu all, dat mien aollen Frönd Jans un ick wull wisse nich mähr beliäwt, dat düsse Brügge no kümp! In Wesbiärm up'n Brink häbt se de Brügge nu all iälke Jaohre. Daobie föhrt dao nich so viële Autos, äs hier in Sudmüël, wao de Wegg van'n Außen vant Möns-

126

terland naoh de Nordstadt van Mönster un naoh Graiwen un wieder, ganz wiet wegg bes an de Nordsee gaiht! Un bie sowat mäck di dat Trüggekieken wisse kiene Fraide, dao kanns dusend Dalers drup wedden!

„De Wannerupshucht wätt lebennig!"

Düsse Dage bäb ick no maol met'n aollen Jagdfrönd üöwer aolle Tieden küert, weil dao in uëse Blättken bie de Lüe wat staiht, de nu nich mähr up'n Prinzipalmarkt in Mönster gaohn küent, üm een lück to kieken, wat'm sick alls kaupen könn, wann man't no könn.

Dat hett, dao staonn up de Daudensiete een Name, well mi intresseert har. Aower ick har dao no'n lück akraoter hen-kiëkem un wuor so gewahr, dat dao nich de staonn, an den ick jüst in'n iärsten Augenschlagg dacht har. Sienen Namen, so dügg mi dat, sall et wull faken genog giëwen.

Aower jüst üöwer den Waidmann, well dao nich staonn, häbt wi nu küert. Äs düsse Nimrod jüst sienen Schien makt har, dao was he bie mienen Jagdfrönd int Revier kuomen, un dao wull he gääne sien iärstet Stück Wild scheiten. He har eene Flinte metbracht un auk Patronen, aower in de Jagd dao buoben bie de Rheinsken Riëkels wuor auk up Hasen van'n Haugsitt uut schuoten. De aolle Baas dao, de konn met siene eene Döppe nich mähr so guët saihn. Dat annere Auge was in de vüörigen vättiger Jaohre in Russland bliëwen.

Un Heini, dat was düssen Jäger, de hät alltied seggt, dat'm van'n Haugsitt biäter scheiten konn, wann't eenen so göng äs em.

Un daorüm soll nu uësen Jungjäger dat auk so doon. Aower Heini was auk'n guëden Lährmester, un he hät den jungen Jünger van Diana un Hubertus nu seggt, he möss muorns rechttiedig buten sien und all bie de no dustere Nacht up den Haugsitt gaohn, de Heini em wiesen wull. Un wann he dao dann wüör, söll he dat Schmeiken laoten un met sien Färnglass vüör sich de Wieske „aflöchten", so hett dat in de Waidmannsspraoke.

Un nu met Heini wieder: „Pass up, mien leiwen Fröndd, vüör di up de Wieske sühs du nu eenen Wannerupshucht niäben den annern. Un wann du dann dien Glass nich mähr vüör de Döppen häss, weil't'n lück lechter wätt, dann löpp een van düsse Wannerupshüchten up di an, weil he ächter di in den Busk will. Un dann kanns du scheiten un häss dat iärste Maol in dien Liäben Waidmannsheil up eenen Hasen hatt!"

Un jüstso is dat auk passeert, un et is kien Jägerlatien. De Jungjäger hät dat alle so beliäwt, was güet tofriär, ofschonn ächter sienen Hasen dao auk no'n twedden laip un siene Flinte twee Laipe har. Aower he har män een Häsken frie und dao haoll he sick dran. Un dat was güed so, weil'm sick bie de Jagd an dat haollen sall, wat beküert wuorn is. Jüst so gehäört sick dat, un dao mott'm sick an haollen, dann was dat auk nich mähr de leste Jagdinladung in düsse Jagd.
Un düsse Gaste hät in de Jagdhütte auk no eenen Kasten Beer utdaohn, weil dat dao so in de Statuten staonn.

„Glückauf, Glückauf!"

Düsse Dage konn ick düt Leed wier mähr äs fröher int Radio un in dat Flimmerkästken häörn. Un dat hät siene Ursake, de mannigeen, of biäter seggt, de miästen van de Biärglüe nich so jüst güed gefäöllt. Met den Afbau van de Kuohle is et bie uës an'n End. Alleen an de Bruunkuohle gaiht dat, wu et nu schinnt, no'n Tiedken wieder.

128

Üöwer den Biärgbau kann'm an sick auk no nich to viël metküern, wann'm dao äs eene Schicht metmaken konn. Aower äs ich daomaols dao unnen west sin, was dat no ne grülicke Wullackerie. Ick häb auk dat Wiärktüüg van daomaols no söffs utprobeert, un ick har wat in de Mauen, aower no lange nich genog!

Aower ick har nao düt Beliäwnis auk miene Beldken, wao'm mi äs Kumpel bekieken konn. Dat har ick in miene Breeftaske sitten in de Tied, wao ick in Ibbenbürn äs

Der Autor (als Gast) nach der Schicht in einem Pütt von Bottrop in den neunzehnhundertfünfziger Jahren

Magister an eene Sonderschole was. Un wann mi dao bie de Kinner of annerweggen äs een seggt hät, he wüör Biärgmann, aower dao wüss jau nicks van, wu et dao daip in de Äer bie Marache aflaip, häb ick gau miene Breefdaske griëpen und dat Beldken vüöwiest. Dat was sowat äs de Dulle bie'n Dubbelkopp, un dann har ick dao gau met gewunnen.

Wao wi jüst bie de Biärglüe of Kumpels sint, mott ick no wat losswärden, wat mi in de leste Tied pattu nich gefallen konn, wann et üm de „Püttologie" gaiht. Dao häörs un saogs alle män wat ut'n Kuohlenpott, aower van de Preußag in Ibbenbürn wuor bolle gar nich küert. Dao fraog ick mi un uëse Lüe van'n WDR, of Ibbenbürn weiniger wärt is äs tom Biespiël Bottrop. Aower dao sall mi wull kieneen antern, weil de bie'n WDR all lange met Platt nich mähr so recht wat to doon häbben willt, un dat is leige genog. De NDR is dao viël biäter!

De „Reichskristallnacht" is nu all 80 Jaohre hiär

Düsse Dage kiekt no eene Masse Lüe met mi 80 Jahre trügge un dat swaorens up den 9. November 1938. Ick kann mi no up düssen un den naichsten Dagg besinnen. Ick was daomaols guëd fiew Jaohre aolt, un sin nachts wack wuorn, weil in de Naoberschopp so'n Buhai was. Ick sin an Moders Bedde laupen, aower de hät mi seggt, et wüör nicks bie uës passeert. Se hät mi trüggebracht, mi een Müülken daon un ick was bolle wier in'n daipen Schlaop fallen.

Aower den annern Muorn häb ick metkriëgen, dat uëse Opa wier düftig ant Schimpen was up dat bruune Nazijanhagel. Un naoh't Fröhstück sin ick met uësen Opa in de Stadt gaohn bes naoh den Prinzipalmarkt un van dao düör de Saoltstraote bes naoh de Klausterstraote. Aower

130

dao staonnen des Mannslüe van de SA un laiten uës dao nich wiedergaohn. Dao wüör no de Füerwiär ant Arbeiden, häbt se uës wiesmakt.

Up den Wegg düör de Stadt harn wi beiden all Lädens genog saihn, wao de grauten Fensterschiewen kaputt wäörn, un wao so allerlai Kraom daovüör up dat Trottoire lagg.

Un auk dao wäörn üöwerall düsse SA-Lüe west. Un Opa hät mi vertellt, dat düt „Nazijanhagel" dao üöwerall alls kaputt-makt hädde, wat dat Eegendom van Joden west was.

Joden harn wi auk bie uës in de Naoberschopp hatt. Aower de wüörn vüör'n Tiedken all uttrocken, un daobie har uëse Opa, weil ick wier so nieschierig was, mi no vertellt, dat düsse Naobers naoh iähre Verwandten naoh Amerika üöwer dat graute Water met'n Schipp van Bremerhaven uut föhrt wäörn.

Uëse Opa hät faken genog up dat bruune Nazijanhagel schimpt und dat alltied up Platt. Aower uëse Oma un auk no annere graute Lüe uut uëse Familige häbt dann miäst gau seggt, he söll dat laoten, weil he süss alle no mallö-rig maken könn un he wullmüëglick no int KZ kaim. Aower ick wüss daomaols no nich, wat een KZ was. Aower ick häb bie mi dacht, dat dat wull so laige sien möss äs dat Fiägefüer, denn daovan har ick fröher in mienen Kinnergaorn all wat haort.

De nagelniee Bahnhoff

Siet nich alltolange Tied hät Mönster nu endlicks sienen nieen Bahnhoff. Et hät lange genog duert, bes dat et so wiet wuorn was. Un wann mi nu een van miene Liäsers vertellen will, dat dao nu de aolle Sprüëk bie päss „Was

131

lange währt, wird endlich gut", so is dat dütmaol verkatt. Et is lange nich alls guët wuorn!

Wann du vandage een Menskenkind, wat Helpe naidig hät, naoh'n Bahnhoff brengen moss, dann gait dat nich, weil du dien Auto nüörns laoten kanns, wann du met an'n Zugg gaohn moss. Et giff für söcke schwaoren Fälle kienen Parkplass. Wann du nich met'n Taxi kümps, gait nicks! Alleen för düsse Autos kanns an den glootnieen Bahnhoff kuomen. Dao häb ick all wat van schriëwen.

Aower dat is no nich alls. Söffs in de „Fahrradmetropole" is dao auk kien Plass för de Lüe met iähre Riäder, de muorns van'n mönstersken Bahnhoff an iähre Arbeidsstiärn föhrn müëtt. Aower et staonnen iärstan graute Luowleeder int Blättken, äs dat Bauwiärk endlicks dao staonn un auk up't iärste Kieken hen, alls recht guëd utsaog.

Un sogar de katholske Bischopp van Mönster was bie de graute Inwiehungsfier un hät sienen Siängen metbracht. Aower dat holp de Lüe nicks, de ich all beliekteeknet häb.

Nu willt se up de Trüggesiete van den Niebau dat wier guëd maken, wat se vüörn vermasselt häbt. Aower dao is in de naichste Tied auk nicks Guëds to verwaochten. Dao is nu eene graute Baustiär, un van dao ut kümps in den Bahnhoff nich harin. Et giff wull eene lütke Döer, dao staiht aower „Nauduutgang" dran, un du un ick drüëwt dao nich düörgaohn.

Nu frögg sick mähr äs dat halwe Mönster, of wiägen düt Triaoter de Stadt nu bolle „Schilda" heiten mott. Up jeden Fall staiht för mi nu all fast, dat de Baumesters in Mönster fröher biäter wäörn, un de Lüe int Raothuus auk!

Mien Krankenrullstohl

Vüör eene Tied van iälke Jaohre moss ick äs in eene so genömde Reha sien. Un dao moss ick auk'n Krankenrullstohl häbben, süss wüör ick tom Biespiël nich van mien Schlaopstüöwken naoh den lätenssaol hen kuomen. Un naoh de Reha har ick auk so'n Dingen bie mi int Huus staohn. Daoför häb ick daomaols auk wat betahlt, dat ick den bruken droff. Un dao häb ick mi wieders nicks bie dacht, weinigstens nich bes düsse Dage.

Dat Wiägelsken, wat bie mi staonn, was utlennt, un daoför mott ick auk wull bie de Afriäknung wat betahlt häbben. Aower so ganz akraot weet ick dat nich mähr, weil ick mi süss wull eenen eegenen Rullstohl kofft har.

Jüst dat häb ick dat aower düsse Dage daohn, weil ick dat aolle Dingen, wat bie mi staonn, nich mähr häbben wull. Un dat har eene Ursake, de mi nich gefallen hät.

Ick soll met miene 85 Jahre för düt Dingen för veer Jaohre üöwer 500 € vüöruutbetahlen. Ick häb mi de Riäknung bekiëken un daobie dacht, dat ick nich äs weet, of ick düsse veer Jaohre üöwerhaups no liäwen draff.

Dao häb ick int Internet kiëken naoh so'n Wiärks un harutfunnen, dat ick för dat viële Geld een nieet Gerai kaupen konn. Un dat wüör dann mien Krankenrullstohl un nich een, wat män utlennt was. Ick häb bie den Laden, de mi dat aolle Dingen utlennt har, antelefoneert un seggt, dat ick iähre Riäknung nich betahlen wull, weil ick, of miene Krankenkasse kienen Cent wierkriegt, wann ick vüör düsse veer Jaohre dautgaohn söll.

Dao har ick dao een Frammensk an de Strüppe, dat mi seggt hät, dat düt Wiärks met dat Vüörutbetahlen so sien möss, weil iähr de Krankenkassen dat so vüörschriewen daien.

Dat konn ick so nich metmaken, häb ick antert, weil dat heiten möss, dat de Kassen dat so „dulden" daien. Un dat se auk, weil düt Janhagel van Lädens, de guëd vant Lieden liäwt, dat Mensken uthaollen müëtt, eene viël to schrappige „Lobby" hät.

Un nu, miene leiwen Landslüe, weet ick auk, waorüm de Krankenkassen Maond för Maond so'n Haupen Geld häbben willt!
Aower mien Krankenrullstohl is män een Biespiël. Dao giff't no ne ganze Masse mähr.
Ick häb mi nu eenen eegenen Rullstohl kofft, un wenn ick daut sin, häbt miene lärwen dao auk no wat van, weil ick för dat Geld, wat ich för dat Uutlennen betahlen söll, een met de beste Kwalität kaupen konn. Un wann äs läter miene Urenkelkinner met dat Wiägelsken spiëlen willt, sall mi dat auk recht sien!

Pliäge för kuorte Tied

Kuors was ick in'n Huus för aolle Mensken, up haug-dütsk nömt sick dat „Seniorenheim", aower ick droff mi dao nich „heimisk" föhlen. Dat har verscheidene Grünne, de ick hier nich alle uptellen kann un will.
De Ursake van gröttsten Belang gong van een Fram-mensk ut, dat dao in düsse „GmbH" viël to seggen har, aower nich met dat Lait, wat se dao har, ümtogaohn wuss. Kuort geseggt, hät dat Wief, wu mi dat dügg, nich den Vernüll of nich dat Hiärt för düt Pöstken.

Dat ick met iähr Malessen kreeg, lagg iärstan wull auk an mi, weil ick düftig schimpt häb üöwer dat Stüöwken, wao ick nu 15 Dage bliewen soll. Ick wull nämlick miene Gisela maol twee Wiäken günnen, wao se nich van muorns bes aobends Last met mi har.

134

Aower düsse Kammer dao was no nich ferrigmakt för eenen aollen Kärl äs ick dat sin, de'n „Pliägegraod drei" hät. Un dat konnen de Lüe dao all lang genog wiëten, weil mien Wiefken dao all lange genog vüörhiär met tostännige Mensken üöwer küert hadde.

Am leigsten was dat met den viël to siegen Lokuspott, Wann ick dao sittengaohn wull, was dat liäbensgefaöhrlick. Ick konn mi nüörns fasthaollen, un ick har Bange genog, dat ick dao no henstüöten könn. Un dat draff mi nich passeeren, weil ick all genog „Edelstahl" an miene Knuoken sitten häb.

In mienen Brast häb ick villicht auk wull maol de jungen Lüe van de Pliäge een Biëtken to groff angaohn, aower ick häb iähr auk naohiär vertellt, dat mi dat leed daih, un daomet was dat guëd. Dat häbt mi düsse Pliägersken un Pliägers naohiär seggt, un ick har Friäden daomet. Un wi häbt uës van dao an auk bestguëd verstaohn.

Aower düt Frammensk dao, wat ick all nömt häb, wull met mi nich in Friäden liäben. Se kamm no'n Paor Fierdage wier in mienen Stuoben, üm Striet met mi to beginnen. Un dat Laigste was, dat se nich bie de Waohrheit bleef. Aower dat Laigen un Bedraigen kann ick partout nich häbben.

Ick häb düt Frammensk ut mien Kämmerken harutschmiëten met eenen Henwies up dat Grundgesett van uëse Vaderland. Dat wull se iärstan auch no nich kapeeren, aower ick häb met vulle Stemm ropen, dat se harutgaohn soll. Dat hät holpen, weil ick jau met miene Stemm fröher ganse Turnhallen kummedeeren konn.

Weil ick weet, dat miene plattdütsken Böker wull mähr de aölleren Mannslü un Fraulüe liäst, häb ick dat Beliäfnis hier nu auk upschriëwen. Un ick segge ju nu, leiwe Fröndinnen un Frönne, wann ji äs in Verliägenheit kuomt und sökt ju so'n „Seniorenheim", dann häört un kiekt ju vüörhiär ganz niepen üm, daomet kieneen van ju an so eenen Draken gerött, äs mi dat kuors passeert is!

Ick har jau Guod dank no de Geliägenheit dao gau wier uttorieten.
Aower düt Drakenframmensk hät mi auk no wat vertellt, wat an Logik nich to üöwerbaiden was. Se hät mi verkläört, se könn normalerwiese bestguëd met aöllere Mannslüe ümgaohn, weil se met eenen Mann verhieraodt west wüör, de 25 Jaohre aöller west wüör äs se söffs. Dat nömt sick wull nao iähr Meinen up Haugdütsk een düörschlaoenden „Kompetenzbeweis"!
Dao küënt ji drüöwer lachen of grienen, wat et ju wärt is. Aower gaoht nich in so'n Huus äher dat ji nich siëker wiëten küënt, wat up ju to kümp.

136

WÄÖRDE, de villicht nich alle Liäsers kennt

Ächtern	Hintern
Äer	Erde
Äösken	kleines Biest, (Tier)
af – aff	ab, von, weg
Affall	Abfall, Müll
akraot	genau
alltiet	immer
Angelmuë	Angelmodde (Vorort von Münster)
antern	antworten
antogg	in Gang,
antogg kuomen	i. G. kommen
Aoken	Aachen
apatt	aber, doch
Außen	Osten
Baas	Chef, Boss
Beliäfnis	Erlebnis
beliekteknen	bezeichnen
Biëk, Biëke	Bach, Fluss
Blagen	Kinder
Blättken	Zeitung (von Tageblatt)
Blood	Blut
boll, bolle	bald
Brast	Ärger, Wut
Buerie	Landwirtschaft
Dickbalg	reicher Mensch
Döhnken (Döönken)	Anekdote
doon, dai, daon (dohn, daih, daohn)	tun, tat, getan
Döppen	Augen
Draken	Drachen
düörschlaon	durchschlagen
Duorpschandarm	Dorfpolizist
Duts	Dutzend

Eeksken	Eichhörnchen
färrig	fertig
faken	oft
Fludderske	Schmetterling
Frammensk	Frauenzimmer
forts	sogleich, sofort
fraisen	frieren
Gaitling	Drossel
gaon (gaohn)	gehen
gau	schnell
Gerai	Gerät, Werkzeug
glaiwen, gloff, glofft	glauben glaube, ge glaubt
glootnie	nagelneu
gnöcheln	schmunzeln
grülick	grässlich, schlimm
Grund, Grünne	Grund, Gründe
Guod	Gott
häbben, hadde (har), hatt	haben, hatte, ge- habt
här (hädde)	hätte
Hannel	Handel
Hannelsmann	Händler
Haugsitt	Hochsitz
henstüöten	hinfallen, stürzen
Hiëkster	Eichelhäher
Hiëmdsmauen	Hemdsärmel
hümpelig	hinkend
huopen	hoffen
Hüüsken	Häuschen, Toilette
läkster	Elster
iälke	etliche
iärstan	zuerst, zunächst
lëmsland	Emsland
les	Eis
in Tott gaon	kaputtgehen

Janhagel	Gesindel
Joden	Juden
Kabeleer	Adeliger
Kamp, Kämpe	Feld, Felder
Kawel	Käfer
Kiewitt	Kiebitz
Kittken	Gefängnis
Köhlschapp	Kühlschrank
Kösters Kämpken	Friedhof (Feld des Küsters)
küern un doon (dohn)	reden und handeln
kummedeeren	kommandieren
kuors	kürzlich, neulich
läteran	später
Lännerpries	Nationenpreis
laige, leige	böse, schlimm
Lait	Befehl, Leitung
Liëpel	Löffel
Lokusrullstohl	Toilettenrollstuhl
lubiëtsk	hinterhältig
Lucht	Luft
Lüe (Lüde)	Leute
luern	schauen
Lünink	Sperling, Spatz
Malässen	Unannehmlichkeiten
Mallör	Pech, Unglück
mankst, mansken	manchmal
Maond	Monat
Mese, Stiärtmese	Meise, Schwanz-meise
Mesterdeel	Meisterstück
miästtieds	meistens
midden	mitten
mienthalwen	meinetwegen
Möte, in de M. kuomen	Begegnurg, begeg-nen

nao	nach
Nedersassen	Niedersachsen
niee	neue
niëmen, naim, nuomen	nehmen, nahm, ge-nommen
niepen	aufmerksam, genau
nieschierig	neugierig
nüörns	nirgends
obstinösk	hartnäckig
Öwerschwalwen	Uferschwalben
of – off	ob, oder
Paor	Paar
Patt	Pfad, Weg
pattu	durchaus
Piäper	Pfeffer
Piëkvüëgel	Pechvögel
Pien, Piene	Schmerz, Schmer-zen
Plaoster	Pflaster
Plaseer	Freude, Vergnügen
Pliäge	Pflege
Pliägerske	Pflegerin
Pogge (Stiärtpogge)	Frosch (Kaulquappe)
Puckkind	Wickelkind
puoten	pflanzen
Pütt	Brunnen
Rautbüörstken	Rotkehlchen
Riäkner	Computer
Riege	Reihe
Riemel (Riëmsel)	Reime, Gedicht
rubästig	grob, rau
Rüen	Hund
Rüenküëdel	Hundekot
saddelfast	sattelfest
Schalaier	übler Charakter
Scheitan	Teufel (*arab.*)

Schelle	Schale
schellen	schälen
schluten	schließen
Schnei	Schnee
Schnute	Mund, Schnauze
Schoolwicht	Schulmädchen
Schwecht	Schwarm
Schwienegel	Igel
Schwienkraom	Schweinerei
Sennhuorst	Sendenhorst
siege	flach, seicht
söffs	selbst, sogar
spassig	lustig, seltsam
Speckmöppel	Dickwanst
staods	prachtvoll
Stemm	Stimme
Stiär	Stelle
stiëwig	stabil
Stüer	Steuer (das u. die)
süss	sonst
Tann, Tiäne	Zahn, Zähne
Taobast	zäher Mensch
tellen	zählen
tiëgen	neben
tiëpken	ärgern, necken
tofriär	zufrieden
Tostand, Tostänne	Zustand, Zustände
Tropp	Gruppe, Schar
trügge	zurück
Tüten	Brachvögel
Unwiessien	Verrücktheit
Üöwername	Spitzname
Uorder	Ordnung
up't Niee	aufs Neue
Üse	Kröte
utstaffeert	ausgestattet

vandage	heute, in dieser Zeit
Vernüll	Verstand
verkläörn	erklären
verposamenteeren	erklären
Vertellsel	Erzählung
verwochten	erwarten
Wannerup	Maulwurf
Waort, Waörde (Waör)	Wort, Wörter
Weherie	Mühsal, Unruhe
Wiärks	Sache, Werk
Wiemgemös	Räucherware
Wiesefinger	Zeigefinger
wiet un siet	weit und breit
wünnern	wundern

Über den Autor:

Dieter Harhues, Jahrgang 1933, wuchs in Münster auf, verbrachte aber viel Zeit auf dem Lande. Nach der Kinderlandverschickung, die er von 1943 bis 1945 am Tegernsee verbrachte, lebte er anschließend bis 1953 in Alverskirchen, einem kleinen Dorf im Münsterland, das seit 1975 ein Ortsteil von Everswinkel ist.

Als er Schüler der gymnasialen Oberstufe war, schrieb er bereits Bildberichte vom Tagesgeschehen und aus dem Gemeinderat für die in Münster erscheinenden Zeitungen, um sich damit sein Taschengeld aufzubessern.
In seinem Heimatdorf war damals noch Plattdeutsch die Umgangssprache, die er später als Autor in seinen Büchern verwendete. Es gab bisher über ein halbes Dutzend plattdeutscher Bände von ihm.
Er gewann den jeweils zweiten Preis bei drei Wettbewerben für plattdeutsche Autoren und zwar zweimal in Osnabrück und einmal in Hamburg.

Daneben verfasste der Pädagoge, der zunächst als Volks- und dann nach entsprechendem Zusatzstudium als Sonderschullehrer in verschiedenen Orten des Münsterlandes und zuletzt über 20 Jahre in der Stadt Münster tätig war, seit seiner Pensionierung Texte in hochdeutscher Sprache und in Masematte, einem Rotwelschdialekt, der früher in einigen Stadtteilen Münsters vorrangig gesprochen wurde. Etliche Masematte-Texte erschienen unter dem Pseudonym „Kalli Kneistermann" in der Zeitung und in Textbüchern, die ein Germanistik-Dozent der Universität Münster herausgab.

In seinem Theaterstück „Thusnelda un de schoflen Römers", das Harhues für die Feiern zum Stadtjubiläum

„1200 Jahre Münster" im Jahre 1993 geschrieben hatte, geht es um die berühmte Varus-Schlacht von 9 n. Chr. In dieser „Verhohnepipelung" der Historie sprechen die Cherusker Plattdeutsch und die Römer Masematte. Ein Krieg mit den Römern findet hierin nicht statt, denn den konnten die Frauen der Cherusker mit List und Geschick verhindern.

Harhues arbeitete als plattdeutscher Kolumnist etliche Jahre für die Wochenzeitung „Münster Presse" und für die Tageszeitung „Westfälische Nachrichten", und er war Mitglied in der Redaktion von Münsters Seniorenzeitung, die von der Volkshochschule herausgegeben wird. Auch für andere Blätter und für den Rundfunk (WDR, Antenne Münster und Radio Steinfurt) schrieb Harhues Beiträge. Als es noch das „Literaturtelefon" gab, war er dort des Öfteren in Münster und in Osnabrück zu hören.

Dieter Harhues war 13 Jahre lang Vorsitzender des „Heimatverein Handorf", und auch in der Lokalpolitik Münsters wirkte er mit. Dabei war der Naturschutz eine Aufgabe, die er als absolut vorrangig ansah.
Für außergewöhnliche Leistungen im Ehrenamt erhielt er 2001 die Münsternadel verliehen. Diese Auszeichnung gibt es seit dem Jubiläum zum 1200jährigen Bestehen der Bischofs- und Friedensstadt Münster.

MIX

Papier | Fördert
gute Waldnutzung

FSC® C083411

Zeitfracht Medien GmbH
Ferdinand-Jühlke-Straße 7
99095 Erfurt, Deutschland
produktsicherheit@kolibri360.de